U0154428

國小語文科教材教法〈三版〉

羅秋昭 著

五南圖書出版公司 印行

新 版 序

　　語文是一切學科的基礎，也是人們訓練思維、開發智力的工具。筆者過去從事中小學教育時，就從國語教學中，獲得許多的樂趣，後來就讀國文系，更是愛上了中國語文的精深奧妙。

　　民國七十八年，在臺北師範學院開始教授「國小語文科教材教法」的課程，為了教學，認真研讀過前輩學者的論著，而且兩岸開放，也有機會參考大陸學者在語文教學上的研究。當時蒐集了相當豐富的資料，每次上課總有一堆講義，後來為了方便教學，並且希望提供師院生更多研究的材料，而寫了此書。

　　本書共十二章，從語文的內涵、語文教學的任務、教學法的探討，和注音教學、說話教學、識字教學、讀書教學，到作文教學、寫字教學以及教案編寫等。本書重點分兩部分：一是語文教學觀念的建立。正確的觀念，可以導引出有效的行動，從事語文教學，首先要認識語文的法則，其次要加強思維的訓練；一是提供教學經驗。孟子說：「教亦多術矣！」能多學習一些有效的教學經驗，將來自己走上講臺就可以得心應手了。

　　本書完成於八十五年，正當教育部開始實行新課程之際，在新課程標準裡，有關語文部分，更重視語文特質的認識、發表能力的培養，以及使用工具書的能力。如今為因應時代的變遷、思想觀念的改變，教育部推出了「九年一貫的課程綱要」，在教材和教學上更多元而開放。於是本書在新版之際，除了充實部分的內容，同時加上了九年一貫的課程綱要，提供讀者參考。

　　寫作期間承蒙同仁的鼓勵，同時獲得先進們的不吝指導，讓
我有機會繼續修正此書，也感謝五南圖書出版公司為我出版這本
書。個人才學有限，定有許多瑕疵，敬請方家修正，至深感謝！

羅秋昭

國小語文科教材教法〈三版〉

目　錄

第一章

國小國語科課程標準
與語文教學的任務

─────────● 壹
國小語文科課程的演進

　　語文是學習一切學科的工具，自古以來，「課字」、「讀經」一直是啓蒙教育重要的課題。我國自清光緒二十八年（西元一九○二年）頒布「欽定學堂章程」以後，有了較具體和統一的啓蒙教學目標和課程。經歷了九十年的時間，在國語科的課程名稱上和課程目標上都有了許多的變化。

　　在課程名稱上，「欽定學堂章程」有課字、習字、讀經等；到了光緒三十三年「奏定女子小學堂章程」改以上三科為「國文」，自此以後，初等教育則有「國文」一科，至民國九年為加強語體文的教學，而將「國文」一科改為「國語」，與算術、社會等並列。「國語」課程名稱則一直延用至今。

　　國語科課程標準也為了適應時代的變遷，從「欽定學堂章程」到現在已經經過了十五次的修訂。在「欽定學堂章程」上，只列了初等教育的總目標，而沒有各科的教學目標，至民國十八年，教育部第七次修訂「小學課程暫行標準」，才加上了「國語科教學目標」。當時國語科教學目標定了五點：以學習說話、作文、閱讀、寫字為主。至民國二十五年第九次修正「國民小學課程標準」時，把原來的五項目標簡省為四項：

　　⑴指導兒童熟練標準國語，有發音正確、語調和諧流利的能力。

　　⑵指導兒童認識基本文賞，欣賞兒童文學，有閱讀習慣、興

趣，和理解迅速、記憶正確的能力。

(3)指導兒童運用語言、文字，有發表情意的能力。

(4)指導兒童習寫文字，有書寫正確、迅速的能力。

這四點教學目標包括了兒童的說話能力、閱讀能力、寫作能力、書寫能力的訓練，可以說精簡扼要。

到了民國四十一年，第十二次修訂「國民小學課程標準」時，國語科教學目標由原來的四點增為五點，多了第五點：「指導兒童養成道德觀念、激發愛國思想、宏揚民族精神。」

當時新的修訂，是希望在學習語文的「認知」、「技能」的學習之外，還要加上「情意」的培養。在教材上則要加上民主精神、科學精神、生活教育等單元，以充實「附學習」的效用。

民國五十一年七月第十三次修訂課程標準，在課程目標上有很大的改變，把目標分成「總目標」和「分段目標」。總目標也由原來的五點擴充為十點，擴充了情意部分，並且加強作文教學。分段目標則分為低年級、中年級、高年級三部分。民國五十七年，為配合實施九年義務教育，修訂了「國民小學暫行課程標準」，但在國語科方面並無多大的改變。

民國六十四年因為十大建設的成果卓越，帶動經濟建設的快速發展，為因應社會的需要，又做了第十四次的課程修改。在國語課程方面，其目標仍然沿襲第十三次的修改內容。只是在分段目標上有了些許的改變。低年級增加了「口述作文」；中年級增加了「作文能力的培養」；高年級增加了「培養獨立思考的能力」。

民國六十四年修訂課程標準以來，至今已經十餘年了，由於各學科本身的發展和社會環境的需要，教育部於民國七十九年著手檢討和修訂課程標準，作為教材和實施教學的需要的依據，第

十五次的課程修訂，於民國八十二年公布，民國八十五年實施。
這就是所謂的新課程標準。

　　民國八十八年為因應時代的變遷，以及統整課程，教育部提
出了九年一貫課程綱要，並預計民國九十年開始實施。

━━━━━━━━━• 貳
新頒課程標準的內容

一、八十二年頒布的新課程標準

　　我們說「課程是發展出來的，而不是創造出來的」，這句話
已受大家的認同。課程是什麼？一般的解釋是「指有計畫的學習
經驗」（Planned Learning experience），認為課程是學生在
學校安排下所進行的有計畫的、有系統的學習經驗和活動內容。

　　民國八十二年教育部完成了各科課程修訂草案，新頒布的
「國語科課程標準」仍採「總目標」和「分段目標」兩部分。

㈠「總目標」由原來十項改為目前的七項

(1)培養倫理觀念、民主風度、科學精神。激發愛國思想，宏
　　揚中華文化。

(2)擴充生活經驗，陶融思想情意。培養想像、思考的能力，
　　樂觀進取的精神。

(3)認識國語文的特質，培養熱愛國語文的情操，和對自己所發表的語言文字負責的態度。

(4)具有使用標準國語，充分表達思想情意的能力。

(5)具有認識常用標準國字閱讀書報，及欣賞文學的興趣和能力，並能利用圖書館以幫助學習。

(6)具有表達思想情意的語體文寫作能力與興趣。

(7)具有正確的寫字方法和良好的寫字習慣，並能欣賞碑帖。

　　新的課程標準簡化總目標的文字，及簡化了語文的教學目標，著重在說話、閱讀、寫作的能力培養，並且加強了對語文的熱愛和負責的態度。

㈡「分段目標」則分為低、中、高年級三部分

1. 低年級目標

說：(1)熟習注音符號，能讀、寫每個字音。

　　(2)培養聽、說國語的能力和習慣。

　　　　①聽：凝神靜聽，了解內容。

　　　　②說：發音正確，語句流利，活潑自然。

讀：(1)熟習課文中生字的形、音、義，並能活用。

　　(2)認識簡易的記敘文、詩歌等文體，了解課文內容，熟習字詞、句型。

　　(3)閱讀課外注音讀物的興趣和能力。

　　(4)認識字、詞典。

作：(1)培養造詞、造句、口述作文等基本能力。

　　(2)能把自己的話寫出來。

　　(3)認識標點符號。

寫：⑴正確的執筆、運筆方法和良好的姿勢。

　　⑵正確的筆畫、筆順。

　　⑶養成書寫整潔的習慣。

2. 中年級目標

說：⑴利用注音符號，幫助識字，增進閱讀能力。

　　⑵增進聽、說國語的能力。

　　　①聽：領會主旨，記取要點。

　　　②說：用詞恰當，條理清楚，態度自然。

讀：⑴熟習課文中生字的形、音、義及國字結構，並能活用。

　　⑵認識記敘文、日記、書信、便條及詩歌韻文等文體，了解文章大意、要點作法，並熟習詞句。

　　⑶使用字典、詞典。

　　⑷培養閱讀、欣賞課外讀物的興趣和能力。

作：⑴培養審題、立意、選材、組織等基本能力。

　　⑵寫作簡易而有條理的記敘文及書信、日記、便條等應用文。

　　⑶認識並應用標點符號。

寫：培養使用硬筆和毛筆寫字的能力。

　　⑴硬筆：

　　　①姿勢良好，運筆熟練。

　　　②字跡端正，書寫無誤，並養成迅速、整潔、美觀的習慣。

　　⑵毛筆：

　　　①正確的執筆、運筆方法和良好的姿勢。

　　　②正確的筆畫、筆順和結構。

③養成整潔的習慣。

④正確的使用和收藏寫字工具。

3. 高年級目標

說：使用標準國語充分表達思想情意。

(1)聽：分辨是非，體會技巧。

(2)說：語調和諧，內容充實，把握時間，態度大方。

讀：(1)熟習課文中生字的形、音、義及國字結構，並認識象形、指事、會意、形聲等簡易的造字原理。

(2)認識記敘文、說明文、議論文、應用文及詩歌韻文等文體，了解文章主旨、取材結構。

(3)利用圖書館查詢資料，增進閱讀、欣賞及自學的興趣和能力。

(4)認識簡易文言文。

作：(1)養成寫作技巧的基本能力。

(2)寫作主旨明確、內容充實、文詞暢達、段落分明的各體文章。

(3)熟練標點符號的應用。

寫：(1)正確的寫字姿勢和方法。

(2)認識毛筆字的筆勢、間架、形體和墨色。

(3)行書的辨識和欣賞、臨摹碑帖的興趣。

(三)國語科教學時間分配

1. 一、二年級

每週教學時間四百分鐘（十堂課），時間分配如下：

(1)第一學年第一學期，第一週至第十週，國語科全部教學時

間，用以學習說話及注音符號。

(2)自第十一週起，說話、讀書、作文、寫字各項，採用混合
　　教學為原則。

2.三至六年級

每週教學時間三百六十分鐘（九堂課），時間分配如下：

(1)說話、讀書、作文、寫作各項，採用混合教學為原則。如
　　果分別教學，說話占四十分鐘（一堂課），讀書占二百分
　　鐘（五堂課），作文占八十分鐘（二堂課），寫字占四十
　　分鐘（一堂課）。

(2)作文每學期以十次為原則，中年級至少七篇，高年級至少
　　八篇，其餘的次數可做共同討論、訂正、欣賞等有關作文
　　的活動。

(3)未寫作文的週次，應連絡讀書教材，研討作文方法，指導
　　閱讀課外讀物。

　　新修訂的課程標準除了以上目標上的修訂、時間上的變動之
外，還有幾點特色：

(1)加強語言的表達，要求精美的語言，諸如：說話要注意語
　　氣、語調和兒化韻等。

(2)加強識字能力的訓練，認識簡易的造字原理。

(3)增進兒童利用圖書館查詢資料的能力。

(4)增進閱讀能力，加強分析和整合的思維和組織的能力。

二、國民教育九年一貫課程綱要及語文領域

㈠九年一貫課程改革的基本理念

展望二十一世紀將是一個資訊爆炸、科技發達、社會快速變遷、國際關係日益密切的新時代。在本質上，教育是開展學生潛能、培養學生適應與改善生活環境的歷程。因此，跨世紀的九年一貫新課程應該培養具備人本情懷、統整能力、民主素養、鄉土與國際意識，以及能進行終身學習之健全國民。其基本內涵至少包括：

(1)人本情懷方面：包括了解自我、尊重與欣賞他人及不同文化等。

(2)統整能力方面：包括理性與感性之調和、知與行之合一，人文與科技之整合等。

(3)民主素養方面：包括自我表達、獨立思考、與人溝通、包容異己、團隊合作、社會服務、負責守法等。

(4)鄉土與國際意識方面：包括鄉土情、愛國心、世界觀等（涵蓋文化與生態）。

(5)終身學習方面：包括主動探究、解決問題、資訊與語言之運用等。

㈡九年一貫課程的基本能力

九年一貫課程以培養基本能力為導向，認為九年義務教育應培養學生有以下十項基本能力：

1. 了解自我與發展潛能

充分了解自己的身體、能力、情緒、需求與個性，愛護自我，養成自省、自律的習慣、樂觀進取的態度及良好的品德；並能表現個人特質，積極開發自己的潛能，形成正確的價值觀。

2. 欣賞、表現與創新

培養感受、想像、鑑賞、審美、表現與創造的能力，具有積極創新的精神，表現自我特質，提升日常生活的品質。

3. 生涯規劃與終身學習

積極運用社會資源與個人潛能，使其適性發展，建立人生方向，並因應社會與環境變遷，培養終身學習的能力。

4. 表達、溝通與分享

有效利用各種符號（例如語言、文字、聲音、動作、圖像或藝術等）和工具（例如各種媒體、科技等），表達個人的思想或觀念，善於傾聽與他人溝通，並能與他人分享不同的見解或資訊。

5. 尊重、關懷與團隊合作

具有民主素養，包容不同意見，平等對待他人與各族群；尊重生命，積極主動關懷社會、環境與自然，並遵守法治與團體規範，發揮團隊合作的精神。

6. 文化學習與國際了解

尊重並學習不同族群文化，了解與欣賞本國及世界各地歷史文化，並了解世界為一整體的地球村，培養相互依賴、互信互助的世界觀。

7. 規劃、組織與實踐

具備規劃、組織的能力，且能在日常生活中實踐，增強手腦

並用、群策群力的做事方法，與積極服務人群與國家。

8.運用科技與資訊

正確、安全和有效地利用科技，蒐集、分析、研判、整合與運用資訊，提升學習效率與生活品質。

9.主動探索與研究

激發好奇心及觀察力，主動探索和發現問題，並積極運用所學的知能於生活中。

10.獨立思考與解決問題

養成獨立思考及反省的習慣，有系統地研判問題，並能有效解決問題和衝突。

(三)本國語文課程綱要

1.本國語文之基本理念

旨在培養學生正確理解和靈活應用本國語言文字的能力。期使學生具備良好的聽、說、讀、寫、作能力，並能使用語文，充分表情達意，開發心智，陶冶性情，發展思維，解決問題；並培養學生有效應用中國語文，從事思考、理解、推理、協調、討論、欣賞、創作，以擴充生活經驗，拓展多元視野，面對國際思潮；並激發學生廣泛閱讀的興趣，提升欣賞文學作品的能力，以體認中華文化精髓。同時引導學習利用工具書，暨結合資訊網路，藉以增進語文學習的廣度和深度，培養學生自學的能力。

2. 本國語文課程目標

基本能力＼課程目標	本　　　國　　　語　　　文
了解自我與開發潛能	應用語言文字，激發個人潛能，發展學習空間。
欣賞表現與創新	培養語文創作之興趣，並提升欣賞評價文學作品之能力。
生涯規劃與終身學習	具備語文學習的自學方法，奠定終身學習之基礎。
表達溝通與分享	應用語言文字表情達意，分享經驗，溝通見解。
尊重關懷與團隊精神	透過語文互動，因應環境，適當應對進退。
文化學習與國際理解	透過語文學習，體認中華文化，並認識不同族羣及外國之文化習俗。
規劃組織與執行	應用語言文字研擬計畫，及有效執行。
運用科技與資訊	結合語文與科技資訊，提升學習效果，擴充學習領域。
主動探索與研究	培養探索語文的興趣，並養成主動學習語文的態度。
獨立思考與解決問題	應用語文獨立思考，解決問題。

　　除了依據基本能力所訂的課程目標以外，還有分段能力。包括：注音符號應用能力、聆聽能力、說話能力，識字與寫字能力、寫作能力等，分別陳述各能力之學習範圍及表現標準（詳見教育部國民中小學本國語文課程綱要）。

國小語文教學的任務

—————• 叁

一、培養聽、說、讀、寫、作能力

語文教學的目的在培養聽、說、讀、寫、作的能力。

語文是小學教育最基本的內容，兒童必須掌握很好的語文能力，才能學好其他的各類學科。小學的語文教學最主要的任務是培養兒童的聽話能力、說話能力、識字能力、閱讀能力、作文能力和寫字能力。

(一)培養聽話能力

(1)要能聽懂別人說的話（了解音、義的能力）。

(2)要能歸納所聽到的話。

(3)要能複述所聽到的內容（重新整理的能力）。

（這部分詳見本書第四章）

(二)培養說話能力

(1)要用標準語音說話。

(2)要用恰當語詞表達。

(3)要用正確語法陳述。

(4)要說條理的內容。

（這部分詳見本書第四章）

㈢培養識字能力

(1)要能運用注音符號拼讀。

(2)有分析字形的能力。

(3)有理解字義的能力。

(4)有查字典等工具書的能力。

（這部分詳見本書第五章）

㈣培養閱讀能力

(1)要能讀懂文章內容。

(2)有摘取文章大意的能力。

(3)有判斷文中意旨的能力。

(4)能認識文章寫作方式的能力。

（詳見本書第六、七、八章）

㈤培養作文能力

(1)有審題的能力。

(2)有蒐集寫作材料的能力。

(3)有運用恰當語詞、正確文法的能力。

(4)有組織及表達心中的感情、思想的能力。

(5)有修改自己文章的能力。

（詳見本書第九章）

㈥培養寫字能力

(1)能認識硬筆字和毛筆字的正確執筆方法。

(2)能寫整齊無誤的硬筆字。

(3)能寫工整端正的毛筆字。

（詳見本書第十章）

二、認識語文學習法則

語文課是訓練語文法則與語文操作的課程。

從心理學說，教學是認知與學習的過程，國語的教學任務就在指導兒童：(1)對語文的認識；(2)學習語文的方法；(3)使用語文的技巧。所以語文教師就要針對語文的學習，教學以下四項任務：「字詞的認知與運用」、「詞語的加工法則」、「思維操作的能力」、「學習方法的指導」。詳細分解如下：

(一)字詞的認知和運用

語文和數學一樣，也要講求準確度，國語教學中要教學生對每一個「字」的「形、音、義」三部分都確實的、清楚的認識，而且要做到會念、會解、會寫、會用四個境界。兒童必須對每一個字都掌握得住，才能運用自如而無誤。此外，中國字有大量的「詞組」，我們要教會學生由「字」而組成「詞」的能力，由「詞」而組成「句」的能力，如此，學生才容易認知，也較能掌握中國文字的特色。

(二)認識詞語的加工法則

語言、寫作總是透過思維的組織連綴而成的，說話和寫作雖然都是由「詞」開始，但是說話和寫作又不只是說一個「詞」

字，語文能力不能只靠記憶一些「字」或是「詞」就可以，同時還要運用一串的詞語或句子，這時就得認識語法和句型。這種由「字」而「詞」而「句」的演進過程，正是詞語的加工。例如：從一個「福」字可以連綴成一篇短文。

　　　字——福

　　　詞——幸福

　　短語——幸福的人

　　　句——我是個幸福的人。

因果複句——我是一個幸福的人，因為我有個快樂的家庭。

　　短文——我是一個幸福的人，因為我有一個會做菜的母親，有
　　　　　　一個慈祥的父親，還有一個會帶我到處玩的哥哥，所
　　　　　　以我每天都很快樂。

　　語文的加工有一定的法則，只有順乎法則才能使聽話的人或閱讀的人明瞭。否則就會是一堆無意義的語言，這種「語詞和信息的加工法則」在語文教學中是很重要的工作。

(三)培養思維操作的能力

　　說話、寫作都是外在的形式，除了可以表達的聲音和字形符號之外，在語文的學習中，另一個很重要的課題就是，要「說什麼？」「寫什麼？」

　　雖然「聽話」要有好的聽覺器官；「說話」要有完整的發音器官（唇、齒、舌）和正常的聽力；「讀書」要有好的視力和聽力；「寫字」要有靈活的手指；「作文」要手腦並用才行；但除了這些外在器官，更要有一個靈活的大腦才行。每一個人都需有

一個正確的思維過程，才能表達思想情感。教孩子如何透過思維，學習別人的表達方式；如何操作思維，表達自己的情感，這是語文教師很重要的工作。例如：

教說話，就要教孩子：

——說什麼？

——怎麼說？

——先說什麼？再說什麼？

——如何開始？如何結束？

——用怎樣的語氣和態度說出來？

教作文，就要教學生：

——知道自己所要表達的是什麼？

——要如何找這些寫作的材料？

——先說什麼？再說什麼？後說什麼？

這些就是思維的操作和訓練，教師要掌握這部分的教學才能使語文教學落實。

(四)學習方法的指導

方法是一種過程、程序，如果學習的程序合乎心理學的原理，就容易收到事半功倍的效果，否則就會徒勞無功了。在語文的教學裡，除了教學語文的知識之外，還要指導兒童：

(1)記憶的方法。

(2)說話的藝術。

(3)閱讀的速度。

(4)寫作的技巧。

(5)欣賞的能力。

(6)使用工具書的方法。

記憶法是學習語文很重要的工作，因為任何語言文字，只有認得它、記得它，才能運用它。認識一個字，我們可以教學生有效的記憶法，如運用「**規律記憶法**」：凡右邊從「侖」的字，都與條理有關，如「倫」：是人與人之間條理的倫常關係；「淪」：是小漩渦；「論」：是條理的言語；「輪」：是有秩序的輻射狀，可以解釋為井然有序，如「輪流」等。

「**聯想記憶法**」：有些字可以從字的部首去聯想，如「木」部的字，都與樹木有關；成語則與典故有關，可以從故事中明白成語的意義。

「**重點記憶法**」：指導閱讀時，教孩子把握各種文體的重點。如：記敘文的重點是抓住人物、地點、時間、事件的起因、經過、結尾；論說文則要把握論點、論據、論證的原則。如此，在語文的學習中就可收到事半功倍的效果了。

此外，記憶的方式還可以由形狀來記憶，如：注音符號的ㄇ像門（圖），ㄈ像房子（圖），ㄩ像魚缸（圖）。或是由理解來記憶，如：「回首前塵」，「塵」字不可寫成「程」，「塵」是指馬跑過揚起的塵土。或是用歌訣等方法來記憶，如：「水流湍湍白浪翻，張口喘氣喘不止，惴惴心中不安然，坐立端正才神氣。」這些記憶的方法，使用的恰當可以增進語文的學習效果。國語教師能從兒童的認知能力上著手，將理解、記憶、歸納、整理的技巧和方法，加以整理以後再教給學生，必然可以增進學生

的語文能力。

使用工具書可以使兒童增加學習的效能，也是自我學習的一個方法，在語文教學中是不可忽視的工作。

現就整個語文教學的任務用表格說明如下：

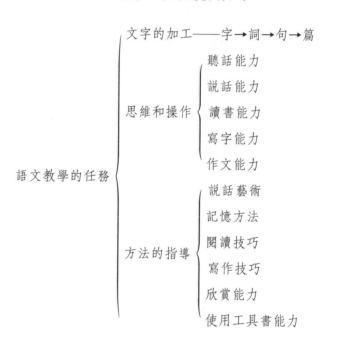

語文教學的任務
　文字的加工──字→詞→句→篇
　思維和操作
　　聽話能力
　　説話能力
　　讀書能力
　　寫字能力
　　作文能力
　方法的指導
　　説話藝術
　　記憶方法
　　閱讀技巧
　　寫作技巧
　　欣賞能力
　　使用工具書能力

三、兼顧語文教學的三個層面──知識、技能、情意

一般教學有主學習、副學習和輔學習，也就是西方教育學者所謂的顯著課程、暗喻課程、潛在課程。語文教學要包括這三個層面：顯著課程是指依課程標準，教導教科書上的知識等，主要學習生字、新詞、課文內容，和訓練讀、説、寫、作的能力；暗喻課程是指教學語文的規律，即非形式的結構，包括語文的節

奏、語文與文化的關係；潛在課程是指語文理念、態度和價值觀，即是教師對語文的興趣和教師的價值觀等（如表一）。在教學中，教師要兼顧這三個層面才能使教學達到「知識、技能、情意」兼得的完美效果。

　　我們面對新課程標準的修訂，不能再停留在讓學生寫字、讀書的學習知識上，而要把培養學生的觀察力、思維力、自學的能力，並把它們貫穿在語文教學的過程裡，使學生掌握語文的能力，以學好其他的各門學科。

表一

	課程內容	具體項目
主學習 認知、技能 （顯著課程）	1. 依據課程標準 2. 教材學 3. 語文相關教材	1. 認識字、詞、句型 2. 閱讀課文內容 3. 說、讀、寫、作的操作能力
副學習 技巧、方法 （暗喻課程）	1. 語文的特性 2. 非語文形式的　相關知識與技能	1. 語文的節奏 2. 語文與思維的訓練 3. 語文與文化的關係 4. 使用工具書的技能
輔學習 觀念、理想 （潛在課程）	1. 理念 2. 態度 3. 價值觀	1. 教師的語文能力及對語文的　興趣 2. 教師的態度及價值觀

例如：　　　　　　大　海（南一書局第一冊）

　　大海大海肚子大
　　肚裡有魚也有蝦
　　大海生氣人人怕
　　不生氣時我愛他

主學習	• 能認識字詞、句,並且運用它 (1)生字:海、肚、子、魚、蝦、生、人、怕。 (2)詞:大海、肚子、有魚有蝦、生氣、人人怕。 (3)句:大海肚子大、不生氣時我愛他。 • 能認識課文的知識面 (1)知道魚、蝦是生活在海裡的。 (2)知道海浪有平靜的時候,有翻滾的時候。
副學習	(1)用「肚子」來形容海。 (2)聯想大海生氣的樣子。 (3)了解為什麼大海生氣人人怕,不生氣時都愛他。 (4)朗讀,感受它的節奏美。
輔學習	(1)學習到平靜愉快,才能令人喜愛。 (2)老師的發音,對課文的解說,提供大海、大浪的圖片或錄影帶等。

第二章

中國語文的特質
與混合教學法

• 壹
中國語文的特質

一、文字有創造上的統一性

　　中國文字是表形的符號，有別於西方表音的符號。中國造字
的基礎在「仰觀天文，俯察地理，畫成其物，隨體詰屈」，這是
象形文的開始。隨著人類智慧的開啟，而有「指事」、「會意」
的文字出現。然後人類對語文的需求增加，從象形文而會意字，
而有了表音、表形的「形聲字」。形聲字占中國文字的百分之八
十以上。形聲字除了表音的功能之外，同時兼有表義的作用，所
以國字裡大部分是「形聲字多兼會意」。在文字創造過程中，國
字每一字都是一個符號，這個符號同時是表示聲音，同時也表示
意義，所以有形、音、義的統一性。

二、語文有使用上的精確性

　　語文指的就是語言和文字。語言的形式是聲音，文字的形式
是符號，從外在的形式上看它們，是很不同的東西，但是就語文
的本質看，二者都是傳遞思想和情感的工具。而這種工具，又不
同於一般所使用的刀鋸、斧頭這一類的工具。一般工具的產生是
由於人們需要它來解決某一個工作，為了節省人力、物力所發明
的工具。當工匠發明了刀斧工具之後，人們只要了解工具的使用

方法，在需要用到這種工具時，自然拿起就可以使用它。但是語
言這種工具，不是會發出「聲音」就可以「說話」了，聲音並不
代表語言。語言有它特殊的條件，除了正確語音，恰當語詞之
外，還要有正確的語法和條理的內容。所以它與純工具的刀鋸是
不同的。

在語文使用上，就語言說，首先，對「聲音」就要講求它的
正確度和清晰度。例如：「門牙」與「萌芽」是不同；「禁止」
與「靜止」也有差異；「花布」與「發布」不同；「會話」與
「廢話」也相差很大。其次，也要了解聲音所代表的意義和聲音
的規律。沒有意義的一串聲音，仍然不能達到說話的效果。在語
言上，如果不能注意到它的「精確度」，則容易造成誤解而失去
了語言溝通的作用。

文字上一樣有其應注意之處，「歷」與「曆」；「狠」與
「狼」；「士」與「土」；「未」與「末」；「大」與「太」等
等，又如：辨、辦、瓣、辯、辮；湍、端、瑞、揣、踹、喘……
在字形上有一些差異，或部首的不同，或多一點、少一點，或長
一些、短一些，在外形上不同，在字義上都不一樣，在使用上唯
有注意它的精確度，方可以使用得方便和得心應手。

三、語詞有組織上的簡易性

中國文字就字形結構上說，方塊字的書寫的確有它困難之
處。英文只要認識二十六個字母就可以拼出許多的字詞，而中文
在《說文解字》書的部首有五百四十個部首，目前坊間的字典裡
也有兩百多個部首，認字和寫字上的確有其困難處。但是就詞組

的結構上說，中文就比英文簡易了。例如：就「牛」一個字所組成的詞，中文可以組成：牛肉、牛排、牛奶、牛油、公牛、母牛、小牛、水牛、牛車……等，但是英文是 beef，steak，milk，butter，ox，cow，calf，buffalo，oxcart……。中文與「牛」相關的詞組很多，從詞裡容易看出詞義，但是英文則每一個字都不同，不易從詞中看出其相關性。所以就詞組上說，中文在詞組上有它的簡易性。

四、語法有運用上的規律性

各國的語言都有它的規律性，有規律才可以學習，才可以溝通。語法的不同產生不同的意義。例如：「好東西」和「東西好」意義不同；「坐進來」和「進來坐」在意義上也是不相同的。又如：

——知道這件事的人不多。（這是形容詞謂語）強調「知道的人」
——這件事，知道的人不多。（這是主謂語句）強調「這件事」

又如：「參加座談會的還有漂亮的演員和導演」。

這個語義有些模糊，因為「漂亮的」不知是指「演員和導演」，還是只指「演員」，如果只是演員，就應該說成「參加座談會的有導演和漂亮的演員」，如此就清楚明白多了。所以語法上有它的邏輯性，學生要掌握語文的規律性，才能使語文成為人們溝通的工具。

五、語義有傳述上的邏輯性

人類思維有一定的模式，合乎思維的邏輯性，才能聽懂或看懂，否則即失去了它成為人類溝通的工具。例如，你問：

——蛇與烏龜哪一個長？

這一句話就缺乏邏輯性，因為不能清楚地了解所問的是什麼？是比較蛇與烏龜的身長？還是比較它們的壽命？因為缺乏縝密的邏輯性，所以就無法精確的獲得答案。又如：

——我喜歡吃香蕉，因為我屬猴。

這一句話是不合邏輯的，在傳述上就失去了意義。我們說科學是利用外在物質，解決問題的方法，那麼在思維上要合乎邏輯才能真正達到語文表達的目的，所以語文與邏輯思維有密切的關係。這就是一般國語好的學生，他的數學也不會太差的原因。

●貳
國語文教學應有的觀念

一、確立語文是工具性的觀念

　　「語」「文」簡單的說，它是人類溝通的工具，人類無法一天沒有它們；因為人類不能離群索居，在與人相處的時候都需要靠說話來溝通。古時候農業社會，人們「日出而作，日入而息」，大都靠天過日子，也許說話的機會較少。但是現在人們處在工商業的社會，說話成了一項很重要的能力，尤其目前是資訊爆炸的時代，人們需要運用語言傳遞訊息。過去的語文教學，老師著重在抄寫和背課文上，忽視了說話與寫作的訓練。如果老師能建立起語文當工具的觀念，就會把說話和寫作當成重要課題了。其實生活中的說話和寫字是傳達思想情感的工具。因為人是情感的動物，每天受外界的刺激，在看、聽、觸、聞、感中，讓人們的思維轉動，而有表達的欲望。而一個人的表達所藉助的就是語言和文字，而語言、文字就是表達的工具。隨時需要表達，如下圖：

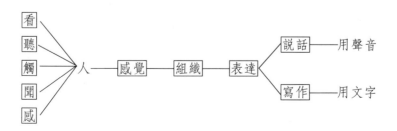

　　學習語文的目的在「會說」、「能寫」，語文教學中掌握「說」、「寫」的技能，才是主要的教學目標。至於平時的抄寫、背誦只是學習手段，不是目的，要分清楚其賓主關係，才不會失去依據。

二、認識語文具有綜合性和邏輯性的特質

　　所謂「綜合性」是指語文不像其他學科，只有一種專屬領域，像歷史只講與歷史事件有關的課程；地理談與地理相關的學問；美術則是藝術的表現技巧，而語文它要教識字閱讀，同時要講解課文，把文字與思想、文化、政治、歷史、地理、感情結合在一起。

　　它的內涵豐富，所以語文教學要教會識字用詞的技能，還要教會課文內的各類知識。可能包括歷史、地理、自然科學等的知識，所以它是綜合性的。

　　所謂「邏輯性」是強調思維的訓練。一篇文章裡為什麼擷取這些材料而不寫其他部分？一句話裡為什麼用這些語詞而不用其他語詞？語文有它的邏輯性，教學中不可忽視。

―――――● 叁
混合教學法的特色與運用

一、混合教學法的演進

　　國語教學中採用混合教學法，最初見於民國三十一年公布的
課程標準中：「初級國語教學，要和常識教材配合，並且要用混
合的方法教學」。民國四十一年又修訂：「第一、二學年讀書、
作文、寫字各項作業，以混合教學為原則」。到了民國六十四年
修訂公布的新課程標準時，明定第一學年自第十一週起，說話、
讀書、作文、寫字各項，以混合教學為原則；第二、三、四、
五、六學年，說話、讀書、作文、寫字，均以混合教學為原則。

　　新課程標準明定國語科教學以「混合教學法」為原則，所以
教學目標、教學綱要以及實施方法、教學指引的編寫和習作的設
計，都得以混合的性質和需要為依據。新課程標準有關混合教學
之實施說明如下：

㈠教材的編選和組織方面

　　國語課本單元教材設計，必須以讀書教材為核心，顧及說
話、作文、寫字等項教材取得連絡，以符合國語科混合教學之需
要。

(二)教學指引編輯方面

　　每單元應正確的指出單元的教學目標，然後分析教材，訂定讀、說、作、寫四項的教學範圍及其重點；尤其此四項連絡成混合教學要點，應先行確定，然後設計教學活動。

(三)教學方法方面

　　國語科宜採用混合教學法，以讀書為核心，說、作、寫各作業活動，取得密切連絡。

　　簡單的說，「混合教學」就是從課文裡找「說話」的教材；從課文裡找「作文」的教材；從課文裡找「寫字」的教材。用圖來表示，如下圖：

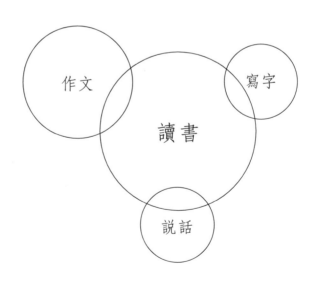

國語教學的內容在指導學生聽、說、讀、寫、作的能力。過去，這幾項課程常分別在不同的時段教學，在課表上也列出「讀書」、「說話」、「寫字」、「作文」四項來分別教學。於是作文課則由老師找作文的教材，書法課也要找教材，說話課則另外找教材，各科之間並不相關，「說」的和「作」的各自是自己成一套，如此使學生在學習上減少了復習的機會，也使得教材上缺少統整性，所以在民國六十四年教育部新頒課程標準時，明定國小中、高年級的國語科採混合教學的方法，至此國語科開始實施混合教學法。

二、混合教學的優點

混合教學被認為是目前最好的教學方法，是基於以下幾點原因：

(一)合乎語文學習原理

語言、文字都是表達思想的工具，它們的形式不同，但內容上都要有恰當的語彙、正確的語法，還要有豐富的知識，才能言之有物，寫出好文章，也才能完整的表達思想。人的知識來自於讀書，所以讀書與說話、作文是一體的兩面，不可分割的。

(二)有統一的教材，可以加強訓練

混合教學法，讓說、讀、寫、作都用同一教材，在學習上反覆練習可以加深印象，可以統整教學，在學習上收到更多的效果。例如：教〈給電視公司的一封信〉，說話課讓學生談談最喜歡

的電視節目；作文教學則模仿課文體裁書信方式，寫一篇「給計程車司機的一封信」或「給立法委員的一封信」；如此，說話、作文都有教材，而且從課文引申中可以達到更高的效果。

(三)可以擴充學習，達到學習的效果

過去教國語把讀、說、寫、作分四門教學，學生的學習成為片面的、單一的，如今混合教學則把四項教學結合起來，說與課文內容有關的題材，寫與課文相同的形式，如此擴充內容，使教學更深入。

(四)可以達到學以致用的目的

學生在讀書教學中所學到的生字新詞，可以運用在說話、作文和寫字上，如此學以致用，使學習不致落空。

三、混合教學的運用

既是混合教學，表示讀、說、寫、作的教材和教學，混合在一起實行，因為說話、寫字、作文都需要依賴詞彙和思想，而詞彙和思想則要從讀書中學習，所以讀書教學是語文科的核心。

教師在實施混合教學時，要注意以下幾點：

(一)要充分了解課文的內容和形式

一般讀書教學前，首先要分析課文、充分掌握課文的重點、特點、難點，以便教學時靈活運用。如今混合教學不只是教一科讀書，還要兼顧說話、寫字、作文結合在一起，對課文的詞語、

句法的了解就要更深入才行。

　　因為混合教學法要從課文裡找說話的教材，從課文裡找作文教材，那就要加強課文內容深究和形式深究，將說話、作文、寫字統一在課文裡。

　　就以〈給電視公司的一封信〉為例：

　　——讀書教學教學生認識生字、新詞、朗讀課文、認識句子、文章
　　　　結構，並深究電視與人們生活的關係。
　　——說話教學教學生談自己所喜歡看的電視節目。
　　——作文教學可以教學生寫「給○○的一封信」。
　　——寫字教學可以寫課文中的生字或是「電視」兩個字。

　　又如：在運用混合教學時，對課文內容的深究，可以充實說話教材；對課文形式的深究，可以學習寫作技巧，所以用混合教學法首先要加強深究課文的內容和形式。

㈡要加強賞析課文的活動

　　語文教學包括認知、技能和情意，說話和作文是表達一個人的情意，而一個人的情意需要憑藉生活經驗的累積，或從閱讀中得到經驗，讀書指導中去分析作品、賞析作品，可以容易進入作者的經驗裡，從中習得說話和作文的材料。

㈢要靈活運用發問的技巧

　　語文的目的在表達個人的思想，所以訓練思想是讀書教學的重要工作，加強思維訓練則要在內容深究，和形式深究中去獲得。於是內容深究要加強提問的技巧、擴充的思想領域。老師的

教學則要不斷提問，增加學生思考能力。

㈣要在課前做好充分的準備

混合教學是結合四種教學於一科裡，所以教學上要同時兼顧說、讀、寫、作中的連續性，以及四科之間的協調性和完整性，課前做好準備工作，才可收事半功倍之效。（混合教學流程及活動設計詳見本書第十一章）

● 肆
其他幾種國語科的教學法

孟子說：「教亦多術矣」。在教學上也確實是「學有定則，教無定法」，在語文教學法上，過去曾有許多學者做過各種嘗試。例如民國四十六年，高雄一位校長王明德先生提出：從「說話」入手的教學方法。就是在上課前將課文用四幅圖畫表現出來，先讓學童觀察討論，把圖畫中的意思說出來，隨機提出課文中的生字新語，讓學童在說話的時候，不斷的運用到課文的語詞和句子，等熟悉了課文的故事，明瞭了課文的語詞，再開始上課文。這種方法對低年級學童，以說話為主的教學，效果很大。當時定名為「國語科綜合教學法」，後來為鼓勵教育界人士研究創作的精神，稱這種教學法為「王明德教學法」。

六〇年代，教師研習中心也研究出一種以字、詞、句、文法

分析為主的語文教學法，稱為「戴硯弢教學法」，即「待研討」的諧音。這種教學法著重在句子的解說和分析。

此外，還有創造思考教學法（著重分析和思考）、直接教學法（著重說話的學習）、合作學習法（著重分組討論）、精熟學習法、角色扮演教學法等。其實各教學法都有它的特色和可用之處，只有老師靈活運用，才能發揮最大的效用。

─── **附　錄** ───

王明德教學法教學活動流程

節次	教學流程	活動細目	教學技術運用
一	(一)動機目的		引起動機常用的方法有：講故事、自由談話、生活報告、參觀、觀察、回憶舊經驗及利用偶發事項等。
	(二)觀察發表	1.揭示掛圖	掛圖逐一揭示。
		2.觀察掛圖	(1)輔導兒童觀察掛圖。 (2)就掛圖內容師生共同討論圖意（教師提問題，學生回答）。
		3.自由發表	(1)指名二、三名學童就掛圖內容發表（即試說）。 (2)鼓勵學童多聯想，突破課本束縛。
		4.教師範說	(1)兒童發表圖示之後，由教師加以補述（即範說）。 (2)範說時適時揭示「語詞牌」──新語詞。
		5.語詞練習	練習「語詞牌」上的新語詞。
	(三)練習說話	語詞練習	注意講話時的禮貌、態度、表情、姿勢及說話技巧等。
二	(四)輔導寫作	1.兒童習說	指名二至三名學童習說，回憶經驗、強化記憶。
		2.教師範說	完整的範說，讓劣等生再次獲得完整經驗。
		3.各自習作	教師行間巡視。
		4.蒐集作品	教師個別訂正。

節次	教學流程	活動細目	教　學　技　術　運　用
三	(五)共同訂正	1. 揭示訂正板	挑選一篇代表作，板書於訂正板。
		2. 分段試讀	指名試讀。
		3. 分段訂正	(1)依字形、標點、用詞、優美詞句、段落、評語等項師生共同討論訂正。 (2)每段訂正後指名朗讀一遍。
	(六)欣賞作品	1. 朗讀佳作	(1)請一至二位學童朗讀訂正過之作品。 (2)請一至二位學童朗讀自己的作品，並可交換欣賞。
		2. 各自訂正	學童自己訂正錯別字。
四	(七)生字新詞	1. 提出生字新詞「語詞牌」習念	(1)逐一提出，逐一習念。 (2)以實物、圖片、舉例、動作、表情、表演等解釋其義。 (3)讓學童說出一句話表示各詞的用法。
		2. 筆順練習	(1)書空。 (2)學童各自習寫在生字簿上。
五	(八)概覽課文		各自默讀一遍。
	(九)講述大意		教師提出問題，學童回答，再由教師歸納，範述大意。
	(十)讀法指導	1. 試讀	二至三名學童試讀，並訂正錯誤。
		2. 範讀	發音正確，速度適中。
		3. 領讀	若多數學童讀得很好，可省略。
		4. 個別讀	輕聲讀一至二遍。
		5. 指名讀	優、中、劣等生各指一名讀。
	(十一)內容深究		提出問題討論，自由發表。
六	(十二)形式深究		共同研討文章結構、句型分析、語詞運用等。
	(十三)整理與運用		(1)提示簡單問題作總整理，使學童獲得統整的概念。 (2)舉行簡單的單元測驗（視時間而定）亦可以作業代替。 (3)指導生活教育，注重附學習之獲得。

第三章

注音符號教學

● 壹
制定注音符號的歷史

　　春秋時候有「雅言」，魏晉以後有「韻書」統一讀書音，從魏人李登的「聲類」，晉人呂靜的「韻集」，到唐代孫愐的「唐韻」，以至於元代周德清的「中原音韻」，都是古代讀書人或是為官者，為求語言的統一所做的努力。清朝時規定初作官者必定要學會「官話」；當時的官話就是北平話。清末有識之士看到日本的富強就在教育普及，教育要普及必須文字易懂、語言統一，於是有王照作了「官話字母」，陸續許多有心人投入注音字母的制定中。民國成立以後，為團結各民族，提倡「國語運動」，教育部開了一個「讀音統一會」，議定注音字母，並由全國代表表決，指定北平話的音系為標準語。民國七年，注音字母由政府公布，而且不斷的做修正的工作，民國十五年國語會制定了「國語羅馬拼音字母」。民國二十一年教育部公布「國音常用字彙」。

　　臺灣光復以後在臺成立「國語推行委員會」，國小國語科並以教學注音符號為重要課程。五十年來注音字母的學習幫助了許多人解決國音及閱讀的困難。雖然有很多因素促成了臺灣目前的成就，但是國語的推行是功不可沒的。

──────• 貳
北平語系為國定標準語的原因

一、語音清晰易學

　　北平音系的聲母有二十一個：ㄅ、ㄆ、ㄇ、ㄈ、ㄉ、ㄊ、ㄋ、ㄌ、ㄍ、ㄎ、ㄏ、ㄐ、ㄑ、ㄒ、ㄓ、ㄔ、ㄕ、ㄖ、ㄗ、ㄘ、ㄙ。

　　韻母有十六個：ㄚ、ㄛ、ㄜ、ㄝ、ㄞ、ㄟ、ㄠ、ㄡ、ㄢ、ㄣ、ㄤ、ㄥ、ㄦ、ㄧ、ㄨ、ㄩ。

　　聲調有四個：陰平（第一聲），陽平（第二聲），上聲（第三聲），去聲（第四聲）。

　　北平音系的濁音只有四個（ㄇ、ㄋ、ㄌ、ㄖ），其餘都是清音；而閩南語的濁音有六個，聲調有七個；客語的濁音有五個，聲調有六個。就語音來說，北平音較為簡單易學。

二、長時期的建都

　　北平從宋、金、元、明、清，一直到民國七十年，中間除了三十多年南遷以外，共九百多年都是以北平作首都的。首都是各地官吏、商人、讀書人來來往往的地方，漸漸的，北平話吸收各地方的語言的特色，兼採四方的外來語，成為一種特別有勢力的語言。

三、通行的區域廣

　　北平話可以通行的地方，從長城東北到淮河。漢水的北方官話和西南官話、下江官話雖然語音略有分歧但都大同小異，所以從東北九省、長江流域、雲貴地區等的語音，彼此都可以和北平話相通。這在國語推行上，可以更為方便。

四、詞彙較豐富

　　我國的白話文學，經過了宋、元兩代的長期孕育，到了明朝，傳奇、小說的盛行，我們看到文人學士有意識的用白話文來創作。於是累積了豐富的詞彙，這些詞彙不僅是生活溝通的語言，也是文學創作的語言。這種豐富的詞彙是其他語言難以項背的。例如：形容女子之美，閩南語大多只用水（ㄙㄨㄟˇ）、妖嬌（ㄧㄠ　ㄐㄧㄠ）等，國語則有：「美麗、婉約、典雅、清秀、秀麗、嬌媚、雍容、豐盈、柔媚、沈魚落雁、閉月羞花」等。在文學創作上有較豐富的詞彙。

五、被國際人士所認同

　　北平是中國的首都，是國際人士來到中國的門戶，他們所接觸到的語音就是北平話，於是先入為主的印象以為北平話就是中國話。加上首都的文教較發達，西方人士在北平就讀，自然以這裡的語言作為學習的工具。

北平話基於以上幾種優勢，在民國二年教育部召開的「讀音統一會」上經表決而確定為國家標準語。

● 叁
新課程標準注音符號教材大綱

新課程對注音符號教學提出以下幾點說明：

一、課程標準把注音符號教學大綱分爲七點

項　　目	一年級	二年級	三年級	四年級	五年級	六年級
(1)注音符號的認識及書寫	○					
(2)發音的方法	○					
(3)拼音的方法	○					
(4)發音困難的各種音素的加重練習	○	○	○	○		
(5)音調的變化	○	○	○	○		
(6)兒化韻	○	○	○	○		
(7)注音讀物的閱讀	○	○	○	○		

☆前三項要在一年級完成，後四項的學習則要修習四年。

二、新課程標準在注音符號的教學法上的說明

第一學年第一學期前十週採用綜合法教學。其教學步驟：

第一步，綜合認識用注音符號拼成的完整語句。

第二步，分析認識用注音符號拼成的各個單字和語詞。

第三步，分析認識各個符號。

第四步，認識拼音。

這種教學法是由綜合——分析——綜合的教學法。它的教學過程是「說話教學」→「認識語句」→「分析語詞」→「分析單字」→「分析符號、習寫符號」→「練習拼音」→「綜合活動（復習）」→「形成（性）評量」→「校正活動」。

三、注音符號教學示例

課文內容：

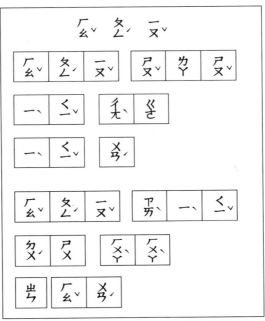

（南一書局首冊）

1. 說話教學

(1)看圖說話：利用本課情境圖，引導學生看圖回答問題。

①從圖畫上，你看到什麼？

②圖畫上畫的是什麼地方？有哪些人呢？他們在做什麼呢？

③你有朋友嗎？你常常和朋友在一起做什麼呢？

④怎麼樣才會有好朋友呢？

(2)語料練習：一起……一起……

①教師將剛才討論的「常常和好朋友一起做什麼」的內容，寫在中牌上。

②拿一個中牌，教師念：「我和好朋友一起……，一起……」。學生跟著念。

③由學生任選兩個中牌，說出：「我和……」，「一起……，一起……。」

④學生輪流練習。

(3)聆聽指導

①首先，由教師念語詞，只要念到有「ㄕ」的語詞，學生就拍一下手。

②其次，教師說一個故事，或請學生上臺說一段話，主題不限，說到有「ㄕ」的音，全體學生就拍一下手。

(4)課文內容引導

①教師利用問答的方式，引導學生說出本課課文。

(a)你和好朋友一起去玩時，常常會有什麼動作？

(b)你和好朋友在一起做什麼事呢？

(c)你們在一起做事時，你們覺得怎麼樣呢？

②從學生回答的內容引導念出課文的句子：「好朋友手拉手，一起唱歌一起玩，好朋友在一起，讀書畫畫真好玩。」

2. 注音符號教學

(1)認識語句

①復習說話教材之後，教師配合本課課文大意，以說故事的方式，逐句揭示本課語句長牌。

②教師逐一舉長牌範讀、領讀，請學生全體讀、分組讀、個別讀。

③逐一舉牌閃示，使學生認讀之後，請學生以遊戲的方式重新排列長牌。

(2)分析語詞

①本課語詞：一ˋ、くㄩˇ、イㄤˊ、ㄍㄜ、ㄉㄨˋ、ㄕㄨˋ、ㄏㄨㄚˋ、ㄏㄨㄚˋ。

②比對語詞：教師將中牌交給學生，學生上臺從長牌中比對出相同的語詞，並將中牌置於相同語詞旁邊，將本課語詞逐一比對。

(3)分析單字

①本課單字：くㄩˇ、イㄤ、ㄍㄜ、ㄕㄨ、ㄏㄨㄚ。

②比對單字：教師將短牌交給學生，學生上臺從中牌中比對出相同的單字，並將短牌置於相同單字旁邊，將本課單字逐一比對。

③揭示單字短牌，逐一閃示認念，距離閃示，去中牌閃示。

(4)分析符號

①本課符號：ㄍ、ㄑ、ㄕ、ㄤ、ㄨㄚ。

②復習單字：ㄑㄧˇ、ㄔㄜˊ、ㄍㄨ、ㄕㄨ、ㄏㄨㄚˊ。

③比對符號：教師將符號牌交給學生，學生上臺從短牌中比對出相同的符號，並將符號牌置於相同符號旁邊，將本課符號逐一比對。

④揭示單字短牌，逐一閃示認念，距離閃示，去短牌閃示。

⑤閃示認念時，教師範讀、領讀，學生分別做全體念、分組念、個別念。

⑥辨別聲調：ㄤ、ㄤˋ、ㄨㄚ、ㄨㄚˋ。

(5)習寫符號

①復習符號：教師分別揭示本課符號，學生認讀。

②教師在黑板上逐一範寫ㄑ、ㄍ、ㄕ、ㄤ、ㄨㄚ。

③每一個符號由教師帶領著學生做書空練習。

④學生各自習寫，教師個別指導。

(6)拼音練習

①復習符號：教師揭示本課符號及ㄅ、ㄔ等短牌，學生認讀。

②揭示韻符ㄤ，以ㄅ、ㄍ、ㄔ、ㄕ直接拼讀。

③揭示結合韻符ㄨㄚ，以ㄍ、ㄕ直接拼讀。

④提出聲符ㄅ、ㄍ、ㄔ、ㄕ，再以學過的韻符ㄤ、ㄤˋ、ㄨㄚ、ㄨㄚˋ直接拼讀。

(7)綜合練習

①復習課文：教師舉短牌、中牌、長牌，學生分別認讀
　符號、單字、語詞、語句。

②延伸活動：

　(a)念一念課文後的練習部分。

　(b)教師引導學生先討論「ㄍ、ㄑ、ㄤ、ㄕ」的符號像
　　什麼？再看課本上舉的範例，ㄍ像水溝，ㄕ像梳
　　子。

(8)習寫習作

①復習本課語句、語詞、單字、符號。

②師生共同討論習作內容。

③學生自行習寫習作。

(9)注音符號遊戲

★攻炮臺

隊形：按教室內原來的分組座位即可。

目的：認念符號。

方法：

第一種玩法：

①教師把注音符號卡分給各組拿在手上。

②學生依序喊「ㄆㄉㄆㄉㄆ一一ㄚㄚㄥ、，我的ㄅ號攻ㄉ號。」

③持ㄉ的那一組，就要說：「ㄆㄉㄆㄉㄆ一一ㄚㄚㄥ、，我的ㄉ號
　攻ㄑ號。」等以此類推。

第二種玩法：

①教師將本課符號卡，發給各組，一組一張，注意不要
　讓彼此看見別組的卡片。

②學生依序喊：「ㄆㄉㄆㄉㄆ一一ㄚㄚㄥ，我的炮臺攻ㄍ號（手指

　　著要攻的那一組）。」

③被攻的小組若沒被擊中就喊：「不中、不中」，或被
　擊中就喊：「ㄧ̄ㄚ̌ㄧ̄ㄚ̌ㄡ̌」。

④沒被擊中者變爲攻擊者，繼續下去，直到勝利者產生
　爲止。

(9)教學評量

①復習：復習本課語句、語詞、單字和符號。

②聽寫：聽寫本課符號ㄍ、ㄑ、ㄕ、ㄊ、ㄨㄚ。

③心跳一百：教師將本課長、中、短牌發給學生，音樂
　響起時依序傳，音樂停時，請學生念出手上牌子的
　字。

─────● 肆

韻母、聲母和聲調

一、韻　母

(一)韻母的意義

　　語言是經過幾十萬年長期醞釀而成的。民初學者制定注音字
母時，是從語言中分析出音素來。在語音裡，韻母是主要的聲
音，聲母只是阻擋氣流的作用。

韻母發音時，氣流從喉頭出來，使聲帶顫動發出聲音，不受
鼻腔的共鳴，不受任何阻礙，只受唇舌的調節而形成的音，叫做
韻。韻母又稱為元音。代表韻的符號，叫做「韻符」。

㈡韻母的分類

國音的韻符有十六個，另外還有一個空韻「帀」。韻分為
「單韻」、「複韻」、「聲隨韻」和「捲舌韻」四類。

1. 單韻符──ㄚ、ㄛ、ㄜ、ㄝ、一、ㄨ、ㄩ

是一個單純的音素，不能分析的。發音時，不論時間短暫或
長久，它的舌位、唇形，口腔始終保持某種姿態而不改變的，又
稱「單純韻」或「單元音」。它的發音方法是先安好口形，再發
出聲音來，等聲音停止再合上嘴唇。

2. 複韻符──ㄞ、ㄟ、ㄠ、ㄡ

是由兩個單韻合成的一個韻，也就是從一個元音很快的移到
另一個元音所合成的音，又叫做「複合韻」或「複元音」。像

　　ㄞ＝ㄚ一的合成音；口形如下圖：

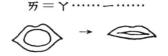

ㄞ＝ㄚ……一……

　　ㄟ＝ㄝ一的合成音；口形如下圖：

ㄟ＝ㄝ……一……

　　ㄠ＝ㄚㄨ的合成音；口形如下圖：

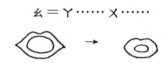

ㄡ＝ㄛㄨ的合成音；口形如下圖：

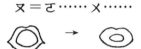

發複韻符的音要注意口形一定有變化，有的先開再合成圓唇（如ㄠ、ㄡ）；有的先開再合成展唇（如ㄟ、ㄞ）。

3. 聲隨韻符——ㄢ、ㄣ、ㄤ、ㄥ

是一個單韻後邊附帶一個鼻聲（輔音）又叫「附聲韻」。像ㄢ＝ㄚㄋ的合成音，它們收的是ㄋ聲，舌頭要抵住上顎。

　　ㄢ＝ㄚ……ㄋ（收前鼻音）

ㄣ＝ㄜㄋ的合成音，它們收的是ㄋ聲；口腔由開而合，最後舌尖要抵住上顎。

　　ㄣ＝ㄜ……ㄋ（收前鼻音）

ㄤ＝ㄚㄫ的合成音，它們收的是ㄫ聲；口形的變化很小，口腔由開而略合，舌位要在下。

　　ㄤ＝ㄚ……ㄫ（收後鼻音）

ㄥ＝ㄜㄫ的合成音，它們收的是ㄫ聲。

$$\text{ㄥ} = \begin{cases} \text{ㄜ……ㄫ—屬庚韻—用在與所有聲母的拼音。} \\ \text{ㄛ……ㄫ—屬東韻—只用在與ㄨㄥ與ㄩㄥ的結合韻母。} \end{cases}$$

以上四個韻母因為收音是聲母，所以稱為「聲隨韻」。念這四個音時，要注意收音是前鼻聲或是後鼻聲。ㄢ、ㄣ是收前鼻

音，ㄤ、ㄥ是收後鼻音，還要注意口腔的開合，舌位的高低。

4. 捲舌韻符——ㄦ

是元音帶有舌尖或舌葉的作用，而且氣流也不像單韻的音可以自由外出，它是把舌頭捲起來所成的聲音。ㄦ音的國字不多，大多用在兒化韻上。

5. 結合韻符——結合韻符是把ㄧ、ㄨ、ㄩ三個介音分別和單韻符、複韻符、聲隨韻符相結合而成的韻。

國音的結合韻符共有二十二個，分成三組：

(1)「齊齒呼」與ㄧ組合的結合韻符有十個：

　　ㄧㄚ、ㄧㄛ、ㄧㄝ、ㄧㄞ、ㄧㄠ、ㄧㄡ、ㄧㄢ、ㄧㄤ、ㄧㄣ、ㄧㄥ

(2)「合口呼」與ㄨ組合的結合韻符有八個：

　　ㄨㄚ、ㄨㄛ、ㄨㄟ、ㄨㄞ、ㄨㄢ、ㄨㄣ、ㄨㄤ、ㄨㄥ

(3)「撮口呼」與ㄩ組合的結合韻符有四個：

　　ㄩㄝ、ㄩㄢ、ㄩㄣ、ㄩㄥ

二、聲　母

(一)聲母的音義

聲音是阻擋氣流的作用，也就是肺臟裡呼出來的氣，經過喉頭和口腔時，受到發音器官某些部位的阻礙所造成的聲音，叫做「聲」。代表聲的符號，叫做「聲符」。

中國字的每個字音分為兩部分：開始發聲時，前邊阻擋氣流的叫做聲，後邊比較重的聲音叫做韻。以聲韻學的術語說，則是口腔內氣流受阻的叫輔音，就是聲；聲音沒有阻礙的叫做元音，

就是韻。

　　依據語音學的音理，聲母只是氣流受阻後所發出的噪音，很少能獨立運用。為了教學上讀說方便起見，必須給每個聲符起一個名稱。起名的方法，就是在它的後邊加一個「韻」，使聲母能發出聲來，這個韻另有一種名稱，叫做「領音」。因為有一個韻使得聲母帶音，如ㄅ、ㄆ、ㄇ、ㄈ加領音「ㄛ」；ㄉ、ㄊ、ㄋ、ㄌ加領音「ㄜ」；ㄐ、ㄑ、ㄒ加領音「一」；ㄓ、ㄔ、ㄕ、ㄖ、ㄗ、ㄘ、ㄙ加領音「帀」。聲母讀出聲音只是為了要認識聲母的符號，在拼音時要避免領音的出現，否則就無法讀得正確了。

(二)聲符的分類

　　讀聲母第一要注意「發音部位」，就是發音時，氣流在什麼部位發生阻礙。第二要注意「發音方法」，就是發音時阻礙的狀態程度，用什麼方式發出的聲音。

　　依照氣流受阻的部位可分為七類：

(1)**兩唇阻**：ㄅ、ㄆ、ㄇ

(2)**唇齒阻**：ㄈ

(3)**舌尖阻**：ㄉ、ㄊ、ㄋ、ㄌ

(4)**舌根阻**：ㄍ、ㄎ、ㄏ

(5)**舌面阻**：ㄐ、ㄑ、ㄒ

(6)**舌尖後阻**：ㄓ、ㄔ、ㄕ、ㄖ（又稱翹舌音）

(7)**舌尖前阻**：ㄗ、ㄘ、ㄙ

　　依發音的方式有五種：

(1)**塞爆音**：ㄅㄆ、ㄉㄊ、ㄍㄎ

(2)**塞擦音**：ㄐㄑ、ㄓㄔ、ㄗㄘ

(3)**鼻音**：ㄇ、ㄋ

(4)**邊音**：ㄌ

(5)**擦音**：ㄈ、ㄏ、ㄒ、ㄕ、ㄖ、ㄙ

三、聲　調

　　聲調也是字音的要素之一。「調」是聲音從口腔流出時的輕重高低。代表調的符號叫做「調符」或「調號」。聲調可分為本調、變調和語調三種[註]。通常我們所說的聲調是指單字本調來說的，因為它是辨別意義的主要根據。

　　聲調的四聲變化，可以說是中國人特有的聲腔，西方人不容易學習，語言學家趙元任先生提出五度標調法，把聲音的高低標示出來（如圖一），同時以這些符號做為調號。調號標示在最後一個韻符的右上方。如：ㄅ˙、ㄊ˙ㄢˊ。

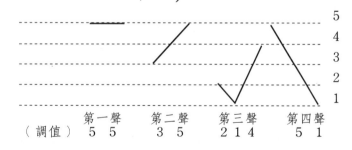

（調值）	第一聲 5 5	第二聲 3 5	第三聲 2 1 4	第四聲 5 1

圖一　五度標調法

註：「本調」指字音的基本聲調；「變調」是指加詞尾的輕聲，或兩個上聲字結
　　合的詞所產生的變調情形, 也有人稱它為詞調；「語調」是說話時隨著情緒和
　　句子而有輕重緩急所產生的聲音變化。

─────── • 伍

語調──輕聲、變調、兒化韻

一、輕　聲

　　在國語裡的複合詞或語句中，有些字音不能照單字的聲調來說來讀，必須說或讀得**輕而短**，這種又輕又短的音，既不是陰平、陽平，也不是上聲、去聲，我們把它叫做「輕聲」字。

　　輕聲的功用有三：

　　(1)使語言自然流利有節奏感。

　　(2)可以辨別詞義，如買賣（˙ㄇㄞ）（指生意）、東西（˙ㄒㄧ）（指物件，非東邊和西邊）、妻子（˙ㄗ）（指老婆，非妻和子）等，讀輕聲與不讀輕聲在詞義上是有區別的。

　　(3)藉輕聲可以辨別字音相同而字義不同的語詞，例如：「馬頭（ㄊㄡˊ）」與「碼頭（˙ㄊㄡ）」；「朱子（ㄗˇ）」與「珠子（˙ㄗ）」；「蓮子（ㄗˇ）」與「簾子（˙ㄗ）」……等。

　　輕聲是原來的調值受前後音或語氣影響，音長縮短而來的。因此聲調模糊，不固定，也不很一致。無論哪類基本調的字都有讀輕聲的可能，所以輕聲不屬於四聲之內的，但也不能算是第五聲。

　　讀「輕聲」的特色就是要讀成「輕而短」的聲音，讀輕聲時，只要將前一個音拉長，下一個輕聲的音自然輕而短，不可加強或加重輕聲的念讀。因為輕而且短，所以輕聲會呈現出半拍的

情形（如圖二）。隨著輕聲前一個字的聲調不同，讀出來的輕聲也會有高低的不同（如圖三）。

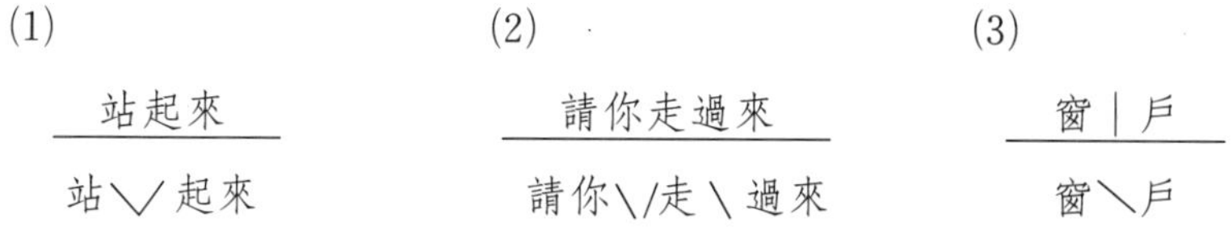

(1)
___站起來___

站∨起來

(2)
___請你走過來___

請你\/走\過來

(3)
___窗｜戶___

窗\戶

圖二

説吧　　來吧　　走吧　　去吧
（3度）　（3度）　（5度）　（1度）

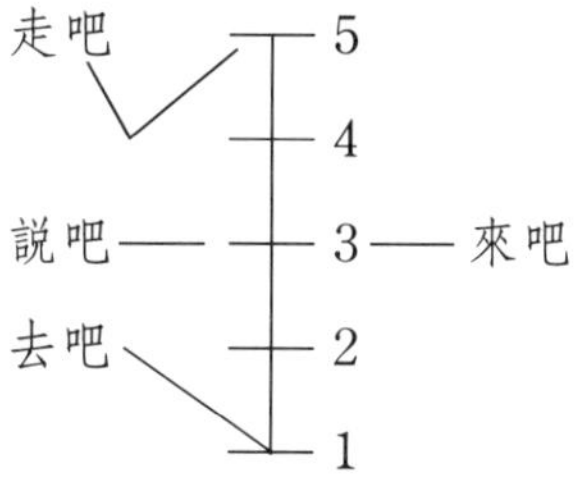

走吧 —— 5

—— 4

説吧 —— 3 —— 來吧

—— 2

去吧 —— 1

註：以度表示，輕聲的輕重程度，1度最輕。

圖三

二、變　調

　　變調的情形有「一、七、八、不」的變調，上聲變調。

　　「一、七、八、不」在古代都讀入聲，在今天方言裡仍保留入聲，所以「一、七、八、不」分散在陰、陽、上、去四聲裡，「一、七、八、不」則隨下一字的聲調而變化。

　　上聲變調是因為「上聲」音長較長（214），其餘陰（55）、陽（35）、去（51）為兩個音長，在說話或讀書時，不方便讀出上聲的三個音長，所以自然形成前半上（21）或後半上

（14），於是產生上聲變調情形。

兒童對於上聲變調的運用上有些困難，在注音教學時，這部分要加強練習。

三、兒化韻

兒化韻是指一個詞尾「ㄦ」和一個詞幹連接成一個音節。這種作詞尾用的「ㄦ」跟前面詞幹的韻結合起來，使原來的韻變成一個捲舌音，而相拼時有種種變化，叫做「兒化韻」或「ㄦ化韻」。

兒化韻的功用可分為下列三點：

(1)**有區別詞義的功效**：好像「八哥」和「八哥兒」是不一樣的。

(2)**大多數含有微小、少許、時間短的意思**：「小人兒」、「短裙兒」。

(3)**有改變語法詞性的功能**：「菸捲」和「菸捲兒」的詞性是不同的。

兒化韻和輕聲都是我國國語的特色。兒化韻的用法，不但能把北平話說得悅耳，而且具有改變詞性、區分事物和情態的功能。近來由於白話文的影響，一般人說的國語是以北平音念白話文，所以常把「ㄦ」尾省略。我們既然知道兒化韻如此重要，學習時得加以注意。

說話時有些字音帶兒化韻是很好聽的，我們可以試讀以下的兒歌：

一個小孩兒，上廟臺兒，栽了個跟頭，撿了個小錢兒，又買油兒，又買鹽兒，又娶媳兒，又過年兒。（北平兒歌）

廟門兒對廟門兒，張家娶了個小俊人兒，白臉蛋兒，紅嘴唇兒，搬起小腳愛死人兒。（北平兒歌）

兒化韻只是把韻ㄦ（兒）化了，也就是當念到兒化韻時只要一面讀韻尾的同時，一面把舌頭捲起來就可以讀出兒化韻了。

● 陸
注音符號的教學法

一、運用「從說話入手」的教學法

注音符號是從語言中分析出來的音素，學習者從聲和韻中拼讀出聲音。兒童在學習注音符號以前，已經先會說話了。學習的過程，就是把新的知識，和舊的經驗結合起來。所以教學注音符號之前，先讓學生對所要教的字音多做練習，學習字音時，就可以從說話的語音中建立新的認識，把聲音和注音符號結合起來。

二、把握「注音符號發音」的特色

要把注音符號念好，首先要注意發音的部位，和口形展圓、

口腔的開合，還有聲調的高低。注音符號教學要學生注意老師的口形，把握口形的變化，舌位的高低，才能正確讀出聲音。

其次複韻符和聲隨韻母的收尾音要掌握好，ㄠ、ㄡ要收ㄨ韻尾，ㄞ、ㄟ要收ㄧ韻尾。ㄢ、ㄣ收前鼻音，ㄤ、ㄥ收後鼻音，也要注意。

三、拼音練習要採用「直拼法」，直接讀出每個字音

「直拼法」就是直接拼讀的方法。傳統的拼音方式是讀出聲母，讀出韻母再把聲母和韻母兩音拼在一起，這種讀法的問題是把聲母的領音也讀出來了，容易造成發音的不正確。直拼法的原理就是不要讀出聲母和韻母，只要直接讀出字音；或是先念出韻的聲音，將聲的發音部位放好，然後直接讀出來。

所以要用直拼法教學，主要就是因為聲母本身不發音，如「ㄓㄨㄢˋ」我們的口形是ㄨ出發，而非從ㄓ出發，ㄓ只是舌頭翹起，阻擋氣流而已。整個口形只是「ㄨㄢˋ」的變化。又如「ㄊㄧㄢ」，念時口形是發「ㄧ」的口形，變化在「ㄧㄢ」上，ㄊ只是舌尖阻擋氣流之用的。所以用直拼法，不把聲母讀出，一則可以使發音更正確，再則可以使學生容易閱讀。

四、各個符號要領導兒童多念、多聽、多寫、多練習

初學注音符號是很吃力的事，因為注音字母是很抽象的符號，對兒童來說符號沒有什麼意義，只是代表著一個聲音。要學生熟記符號與聲音的關係只有多念、多聽、多寫、多練習了。對

於幾個發音困難，或是容易念錯的字音，要多做比對練習。如：

ㄈ、ㄏ的比對練習：

防風——黃蜂；互見—附件；房地——皇帝；會址——廢紙

ㄋ、ㄌ的比對練習：

荷蘭——河南；廉吏——年利；老子——腦子；內人——累人

ㄔ、ㄑ的比對練習：

起訴——吃素；遲到——棋道；七情——癡情；囚牢——酬勞

此外，指導學生閱讀有注音的課外讀物，多念、多練習可以增加學習的機會，也可以加強復習學過的注音符號。

五、運用教具，提高學習興趣

要提高學生學習的興趣和效果，老師在教學時，一定要多用教具，幫助練習，而且要多做變化，以期生動有趣。

例如：用插卡方式，不斷更換聲母或韻母，讓學生多做練習。

注音符號教學所用的教具要有趣，而且要實用，首先可以讓每一位學生有一套注音符號卡，可以用遊戲的方法學習注音字母。另外，可以製作一個注音符號插卡（如圖四），在教學時用換聲母或是韻母的方式不斷的換卡，直接拼讀以增加學習效率。

教育學家一致認為「以興趣為導向的學習是最有效的學習」，兒童的專注能力較差，在學習上常常不能長時間的學習某一件事情，老師在教學上能運用各方法加強學習的興趣，也就是加強了學習的效果。而遊戲是最有效率的一種教學方法，老師在

教學中，隨機給予各種遊戲方法，一定可以達到事半功倍的學習效果。

插　卡　式

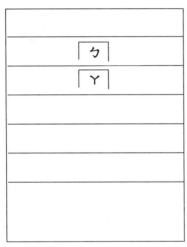

將書切成上下兩部分，上爲聲，下爲韻，可翻閱練習。

圖四

六、善用教學法提高效率

善用教學方法，可以提高學習的效率，注音符號本身只代表聲音，是沒有意義的符號，所以學習起來不容易。我們只能靠有效的教學法來提高興趣收到效果。這裡提供用故事、兒歌、圖形、遊戲等方法帶入。

如教ㄜ，叫孩子念兒歌：「天上一隻鵝ㄜˊ，地上一隻鵝ㄜˊ，鵝生鵝蛋，鵝蛋變鵝。」

　　教注音符號的字形可以用圖形增強學習，如ㄍ像魚骨，ㄇ像帽子，ㄩ像魚缸等；或用遊戲法。（附錄提供了十幾種遊戲法可供參考）

附　　錄

學習注音符號的幾種遊戲方法

　　方法是什麼？簡單的説就是活動的一個過程，這個過程順利、愉快，表示方法很好，如果過程遲緩不愉快，就是方法不好。同樣在教學中，有的老師每天快快樂樂上課，歡歡喜喜回家，有的則每天對小孩大吼，仍然沒有效率，這就是教學過程不能有效掌握，達不到順暢和愉悦的效果。所以認識一些教學法是很重要的工作。

　　注音符號是標示字音的一種最好的方法，兒童學會了注音符號，就可以利用這些符號去學習國字，加強識字能力，增進知識。所以認識注音符號是讀書的開始。

　　然而注音符號並不是一種很容易學習的教材，因爲注音符號是很抽象的形符，有些符號又很相近，加上兒童在初學時耐性不夠，所以教師要用一些遊戲的方法，才能收到事半功倍的效率。以下提出幾個學習注音符號的遊戲方法：

一、閃示法

　　這是最簡單而且最傳統省力的方法，就是把注音符號製成字卡。上課時，將字卡在學生面前很快的閃示過去，讓學生讀出來，爲了讓學生能更專心，可以用比賽的方法。將學生分成兩組，先第一組念，再第二組念，看哪一組念得對，念對的加分或

是接受歡呼。如果大家都對，豈不更好！也可以每一組從第一位開始念，抽出一張由甲組1號學生讀，再抽一張由乙組1號學生念，再兩組計分看哪一組念得好。

二、積分法

　　將學生分成兩組，排成兩個半圓形，在兩隊中間放一個盒子，每一個小朋友都有一組注音字卡（字卡不宜太多，可以只持聲母卡或是韻母卡），老師讀一個音，學生則將正確的注音字卡丟入盒子中，然後大家一起數一數哪一組對的多（數的時候每取一張則正確念出字音卡一次，如此可以加深學生的印象），最後贏的小組則接受對方的歡呼。這個遊戲積分可以累計，算出總分時可以給予獎勵。

三、釣魚法

　　將注音字卡每一張都貼上磁鐵（或別上迴紋針），幾個小朋友一組。每一個小朋友手上都有一根釣竿，釣竿上也都綁上磁鐵，小朋友圍坐在一起，在小組中間放下一些字音卡，每一個注音符號可以多放一些，然後老師讀一個字音由學生在小池中釣起該音的字音卡，然後再用比賽方式，定出輸贏。

四、打擂台（跳格子）

　　在地面畫出九格，格子內寫上注音字母，由學生一對一出來比賽，老師說出格子上的注音字母，學生就跳到格子內，誰先跳進正確的格子裡，誰就贏了。

　　這個遊戲是有如古代比武的方式，由一個人上臺挑戰另外一

個人，輸的下臺由另一人上臺繼續挑戰。

五、眼明嘴快

先要分組，兩人一組，各持一副牌，老師說，每人取出一張牌，翻過來用手壓在桌上，老師喊一、二、三，大家打開牌，然後很快的說出對方注音卡中的字音，誰先喊出來誰就贏，贏的要記下分數，最後再算總分以決勝負。

六、聽示法

由學生先安置一張九格或是十二格的方格紙（如下圖）。學生手持一套注音字母卡，老師念一個字音，學生將正確的字音卡放在第一格裡；老師再念第二個字音，學生將正確的字音卡再放在第二個空格裡，每放一行，老師即可以把正確的答案公布在黑板上，與學生比對，對了一行即可以喊——Bingo——或接受對方的歡呼。

1	2	3
4	5	6
7	8	9

七、記憶法

老師將字音卡三個或四個（不宜太多），先讓學生認識其中一兩個，然後將字音卡向後轉，在黑板上左右調換，再請學生猜出剛學過的字音。

八、賓果遊戲法

賓果遊戲是許多人喜歡玩的遊戲，在注音教學上是很好玩的一種遊戲。在玩這種遊戲前，需要讓學生每人有幾張的賓果遊戲

卡,就是九格或十六格的卡紙(如下圖),然後由老師念一個注音,學生將正確字音卡放在第一格裡,由於每個學生的賓果卡不同,所以他們完成賓果的時間和情況也不同,只要將方格卡連成一條線,就可以大聲喊——Bingo,先完成的學生可以獲得獎品,如此可以訓練學生專心的態度,而且在學習注音上可以學得更好。

ㄅ	ㄚ	ㄉ
ㄌ	ㄓ	ㄟ
ㄈ	ㄠ	ㄥ

九、配對法

當學生學會了拼音時,就可以利用這種方法來訓練拼音能力。這種遊戲是先將學生分成兩組,一組持聲母,一組持韻母。老師讀一個字音,例如:老師念「蛋」持聲母(ㄉ)的學生要和持韻母卡(ㄢ)的同學配成一對。配對的一組站一邊,錯的一組站一邊,然後對的接受另一組的歡呼。

十、大富翁

這種遊戲比較適合三、五個人玩,也就是和平常的大富翁遊戲相同,先有一張大富翁遊戲圖,圖上有注音字母,然後兩人擲骰子,依據骰子上呈現的點數走步,走到了停的地方就要讀出那個字音,讀對的可以抽一張「機會」卡,看機會卡的指示,是得到錢還是向前再走幾步,如果念錯了,就抽一張「命運」卡,看是停在原點,或是倒退幾步,如此,誰先到終點,誰就是大富翁。

十一、寫 背

由一排的最後一位同學看到所要寫的符號,由他往前寫在一位同學的背上,傳到前面再問所寫的是什麼字。

十二、傳 音

這種玩法與寫背剛好相反,由第一位同學看到一個字音符號,用很小的聲音告訴後面的同學,到最後一位再問他聽到的是什麼字音。

十三、蘿蔔蹲

把學生分成幾組,每一組給一個注音符號,由其中一組開始。

「ㄚ蘿蔔蹲、ㄚ蘿蔔蹲、ㄚ蘿蔔蹲完ㄝ蘿蔔蹲。」

手上有ㄝ符號的那一組就要說:

「ㄝ蘿蔔蹲……」以此類推。

第四章

說話教學

───────● 壹

語言的意義

　　人類學家指出，人類的進化，一是由於有「語言」，一是有
了「文字」。語言使人類可以傳達訊息，文字使人類可以累積經
驗。因為語言和文字的發明使人類開創了文明的社會。

　　語言分「廣義語言」及「狹義語言」。廣義語言指：凡是可
以表達意義，彼此溝通的都泛指語言。如用肢體來表達意思的稱
為「肢體語言」；用手勢表達意義的稱為「手語」；還有用圖畫
表示意義的「圖畫語言」；用聲音表現的「音樂語言」等等。

　　狹義語言則是指：以有意義的聲音，來表達人類的思想、情
感。它是可以有系統的、可以學習的、是約定俗成的一種表達方
式，也就是我們通稱的「口頭語言」。在國語教學裡，指的是狹
義的語言，它是一種聲音，包括語詞、語法，以聲音和內容結合
的產物，也就是所謂的「說話」。它的必備條件是：

　　⑴**有聲音的**：廣義的語言包括肢體語言、符號語言等；狹義
　　　的語言是要有聲音的，而且是清晰而可以聽懂的聲音。

　　⑵**有系統的**：聲音是要有規律，有語法的。

　　⑶**有意義的**：發出來的聲音，要有意義的，能傳述某種思想
　　　觀念的。

　　⑷**可學習的**：語言是有法則的，而且可以學習的。

　　現代社會由於交通的便捷，縮短了人與人之間的距離，人們
由於接觸的頻繁，需要溝通的媒介就更多了，而說話是各種溝通

媒介裡最方便、最直接的方法。現在是民主社會，每個人都需要表達個人意見，加上工商業社會的進步和教育的普及、傳播媒體的普遍，人們對語言的需求更多，所以今日的國語教育，更重視「說話」的教學。

一、語言產生的原因

語言是人類發展的結果，至於如何產生的有各種說法，較被接受的有模仿說和開創說。

(一)模仿說

美國心理學家阿爾波特（F.Allport）在一九二四年首先提出語言從模仿得來的觀點，後來另一位心理學家摩爾（O.H. Mowror）也強調，兒童學習語言主要是通過模仿而來的。

兒童學習語言開始在二歲至六歲之間，這時候的小孩對於陌生的事物都有好奇心，喜歡去模仿。於是他們開始接觸聲音，開始由模仿而可以開口說話。假使一個人無法模仿，好像一個耳聾的人，他無法感受聲音，無法模仿，就不會說話，這也就是啞巴多因耳聾的關係。所以兒童開始學說話時，他所模仿的對象其語音是否正確，對他往後語言的發展影響很大。

(二)開創說

喬姆斯基（Noam Chomsky）認為兒童在一歲左右就開始牙牙學語，三、四歲時常能說一些他們從未學過的話語。例如兩、三歲的小孩常對著鏡子自言自語、自說自話的；或是自己扮

演各種人物，一下子自己是媽媽，一下子自己是小孩。他們這時
所說的話，有時並不是由模仿而來的，兒童常會自創語言。

　　不論兒童的語言是來自於自創的，或是模仿的，他們要能說
話都需要有經驗的累積，這些經驗需要在平時就有所接觸。所以
語言的學習，必須先有模仿，然後加上自己的創造。

二、兒童需要加強學習語言的意義

㈠合於語言發展的特性

　　古人說：「時過而學，則勤學而難成」。根據人類生理的發
展，兒童期是學習語言的最好階段，因為兒童的唇、口、齒、舌
的發育由二歲開始即發育健全，也在這個時候開始對周圍的事物
發生興趣，開始模仿說話。到了六歲入學時，兒童不但說話器官
已經完全成熟，而且已經開始學會了一些日常所用的語詞，這時
候指導兒童學習正確說話習慣和說話技能，是很合乎兒童生理成
長的需要。

　　其次，兒童隨著說話能力的增強，在知識的學習上，也相對
地增加，因為當兒童發現所有的東西都有名稱時，他的概念範圍
開始擴大了。這時，他不但知道了各種事物的名稱，而且可以知
道各事物間的關係，並且運用各種名詞去思考。懂得思考，在學
習上就可以進步神速。

㈡增進思維及表達能力

　　語言和文字都是表達思想的工具，只是表達的方式不同罷

了。一是用聲音來表達，一是用符號來表達，基本上都是在傳達思想和訊息。只有思想條理清晰的人，說話才能清楚明晰。清代名將曾國藩先生就有一套看相的標準：「功名看氣宇，事業看精神，若要看條理，但在言語中。」這充分說明了說話與思想的關係是非常密切的。

所以「說話」是一項重要的思維訓練，因為兒童在說話時，必須有以下的思維過程：

(1)我要說什麼？

(2)如何開始說？

(3)用什麼語詞來表達才能說得清楚？

(4)用怎麼的語氣才能達到說話的目的？

(5)我是否讓對方聽懂了我說的話？

這些問題都必須先要經過思考訓練，才能表達的完整。所以一般語言能力強的小孩，學習能力也較好。

(三)口頭語言是書面語言的基礎

在日常生活裡，說話的機會總是比書寫的機會多。說話和寫文章的方式之基本原理是相同的，都是以完整的句子來表達思想。只要語言表達能力增加了，說話能條理分明，將來寫作文自然得心應手、運用自如。一般來說，說話流利的小孩，書面表達的能力也較好。所以加強說話教學，有助於將來他們學習作文，增進語文的能力。

(四)有助於閱讀的訓練

在閱讀的過程中，雖然用的是眼睛和大腦，但事實上在閱讀

的時候，是用心裡的聲音一字一句把它讀出來的，所以在閱讀時遇到不會讀的字，就會使閱讀的速度慢下來，或遇到不會讀的字就把它胡亂的念一個音，這就是造成念錯字的原因。平日多聽、多說的小孩對語法熟悉，將有助於閱讀的速度。

(五)有助於教師了解學生

在教學上，教師對學生能充分的了解，才能發揮因材施教的教育功能，然而教師要了解學生最直接的方法，就是平日多觀察學生的說話和行為。教師尤其可以在學生的言語中，認識兒童的個性、聽話能力、學習的能力和分析的能力。教師藉著對學生的了解加強教學，把握教學效果。

三、影響兒童語言發展的因素

(一)智　力

語言能力的發展和智力有密切的關係。低能的兒童比常態的兒童開始說話的時期較遲，而天才兒童則較早。根據美國教育學者米德（C.D. Meed）的研究：常態的兒童平均在出生十五點八個月時即會說話，而低能兒童則平均為三十四點四四個月才會說話。說話較早者，是因為他具有敏銳的觀察力，容易了解事物的關係，把握情境的意義，所以語言表達較清楚而明確。

(二)環　境

生活在優良環境中的兒童，其語言的發展要比生活在不良環

境中的兒童早一些。在優良的社會環境裡，兒童聽成人講話的機會多，而且語言有較多修飾，由於語言源於模仿，所以兒童在耳濡目染中，不僅說話有系統，而且語彙也多。

(三)性　別

一般女孩的語言發展較男孩為速，在字彙方面及了解方面皆如此。據米德（C.D. Meed）的研究：常態智力的兒童，男孩平均為十五點八個月開始說話，女孩則為十四點八八個月。而字彙的測驗，也顯示各年級的女孩均優於男孩。這個研究說明，在兒童時期，女孩的語言發展優於男孩。但是長大以後則沒有什麼差異，所以小時候女孩語言表達能力強，並不表示永遠都是很好的。

(四)心　理

語言是源於模仿，一個樂於與人相處的兒童，在學習語言上比害羞內向的兒童容易；而一個有信心的兒童，也比膽怯的兒童在語言的發展上快些。所以培養兒童的信心是發展語言的重要工作。

四、兒童說話不清楚的原因

一般來說，兒童說話不清楚的原因，可以歸類為三方面：一是生理上的缺陷；二是發音方法的錯誤；三是心理的障礙。

(一)生理上的缺陷

　　說話從模仿而來，要說話正確，首先要有很好的聽力，聽不懂，發音就會有問題；其次說話要運用到唇、齒、舌、聲帶等發音器官，如果發音器官不健全，例如兔唇、牙齒的缺陷、舌下韌帶不完整等都會影響說話的能力，遇到這樣的情形最好先請醫生檢查或矯正。

(二)發音方法的錯誤

　　國音的發音，韻母要注意口形的展圓、口腔的開合、舌位的高低，像「ㄢ」，口形要從開到合；「ㄚ」口腔要由開口到舌尖抵到牙齒的地方，用鼻音收尾。聲母的發音更要注意舌尖或舌面阻擋氣流的方法，發聲的方法錯誤，自然影響說話的清晰度。對這樣的兒童要用些心力，幫他們注意發音的方法，明白每一個聲音的發音方法和部位，才能使語音正確。

(三)心理的障礙

　　許多小朋友不喜歡說話，或是怕說話，主要是由於心理害怕的原因，這類兒童小時候沒有安全感，一方面怕說錯話，一方面怕大家對他的眼光。

　　其實，就心理學來說，小孩子表達自己的想法是很自然的事情，但是有些小孩就是不開口，不開口會造成兒童心智發展的障礙，也會影響他的學習，越是不喜歡說話，將來在溝通上就會發生困難，語言發展的能力也會越差。

貳

聽話訓練

一、聽話的重要性

孔子說：「蓋有不知而作之，我無是也，多聞，擇其善者而從之，多見，而識之，知之次也。」又說：「多聞，闕疑，慎言其餘，則寡尤。」多去聽、少說話是古人以慎言謹行作為修身的方法。

聽話是對知識的吸收，而說話是對思想的表達。人類的認知由聽話開始，指導兒童聽話也就是學習的開始；另一方面，語言的開始是源於模仿，於是專心聽話可以加強說話的能力。

二、指導聽話的方法

(一)訓練兒童養成聽話的習慣

兒童聽話要從小時候開始，一年級是訓練聽話最好的時候。首先我們要求兒童聽話時，眼睛要注視著對方，而且要用點頭或微笑，來表示自己專心的聆聽，且已經聽懂了。

(二)教師在教學中要隨時提問，了解學生是否正在聽講

一般所謂「聰明」的小孩，指的就是耳聰目明，聽得清楚、

看得清楚。為了培養耳聰目明的兒童，在訓練說話之前，先要學生聽懂對方所說的話，能抓重點，能提綱挈領。等聽懂了，再去判斷或再去回答。一方面培養專心的習慣，一方面培養尊重別人的習慣。

　　老師教學的方式，也可以念一段故事或是新聞稿等，然後問學生故事的內容，或是新聞中的時間、地點、人物、事件等。讓學生在聽話的時候能專心，而且能抓住重點。

(三)利用遊戲方法使學生專注

　　要學生聽老師所說的話，可以在講完後再複述所說的內容，要學生仔細聽，如果老師說對了，學生就拍兩下，如果說錯了，學生就拍一下；或是先聽一個故事，再問一些問題，答對的給予鼓勵，以此訓練學生聽話能力。還可以用遊戲方法，例如：

　　──小朋友，等一下老師要說一個「龜兔賽跑」的故事，你們要好好的聽，當你聽到「烏龜」的時候就拍一下，聽到「兔子」的時候就拍兩下。

　　──小朋友，老師要講一個「小紅帽」的故事，等一下老師講到「小紅帽」時，你們就摸摸頭，當老師講到「大野狼」時，你們就張開嘴，老師要看看哪一個小朋友最專心，而且反應最快了。

(四)用複述的方式訓練聽話能力

　　在上課時，可以讓兒童用複述或評述的方式，來訓練聽話和說話的能力。

　　教師在說話課時，讓學生跟著老師說話，老師說一句，學生說一句，說話的內容可以由兩個字說到一串句子，越說越長。例如：

教師說：　　　　　　　　　　　學生說：

　　一個小孩　　　　　　　　　　一個小孩

　　一個梳辮子的小女孩　　　　　一個梳辮子的小女孩

　　一個梳辮子、綁著髮帶的小女孩　一個梳辮子、綁著髮帶的小女孩

　　一個小孩坐在樹上，看著草原，數著羊群……

　　學生複述老師的句子，可以增加聽話和說話的能力。此外，老師也可以在上課時，隨著學生「複述」剛剛老師說過的話，以考查學生是否專注聽話。

(五)訓練兒童養成聽話的禮貌

　　尊重別人是民主時代很重要的態度。和別人說話時，一舉一動都影響對方的情緒，所以有禮貌的人在聽話時，眼睛都注視著對方，還要用點頭或微笑來表示了解對方所說的話。其次，在對方的話還沒有說完時，不可以插嘴。聽完了對方所說的話，也要表示一些意見，而且說話的語氣要和緩認真。

(六)教師要能引起兒童喜歡聽話的興趣

　　培養兒童聽話能力，首先老師要先要求自己的表達能力。老師說得有趣味，而且聲音清晰明亮，內容條理明暢，再加上肢體的動作、臉部的表情，一定可以吸引兒童專心聽講。如果還能說說笑話，給孩子一些驚奇，如此小孩就能專心聽講，如沐春風了。

●叁
說話指導

一、說話的內容

說話的內容包括「語音」、「語詞」、「語法」和「思想情感」四部分：

(一)語　音

無論哪一種語言都是相當複雜的，但是如果可以分析裡面所含的因素，就沒有那麼的困難了。國音裡只有三十七個字母，四個聲調，學會了這些字母，就可以拼出全部語言，不但《國音常用字彙》裡的九千九百二十個字能讀，就是《康熙字典》的四萬二千一百七十四個字，也一樣可以讀出正確的音。

(二)語　詞

在語言中能夠獨用而有意義的單位，就叫做「詞」。在漢語裡，詞的結構「單音詞」特別多，例如：誰、人、書、跑、笑、等。在單詞以外，還有「詞組」和「複合詞」都是由兩個以上的音節合成的新詞，使語言更豐富，使語言的應用能跟得上時代的需要。在使用上，由於各地語言不同，其所運用的語詞也不同，如：國語說「公豬」，閩南語說「豬公」；國語說「颱風」，閩南語說「風颱」。所以，說國語或是方言在語詞運用上要小心，

才不會造成誤會。

(三)語　法

就是把一個語言的詞素和另外一個詞素相連而成的。語詞的先後秩序有它的法則，合乎法則，語言才可以相互溝通。例如小朋友常說：「他給我打」這種閩南語的語法，國語的語法是「他打我」。說國語要把握國語的語法，才能把意思傳達清楚，將來對兒童寫作文也有幫助。

(四)思想情感

我們說「思想是無聲的語言，語言是有聲的思想」，說話是為了表達一個觀念，或是一種情感。語言不是一串聲音而已，而是合語法、有內容的聲音。培養邏輯的思想，和豐富的情感，可以使說話有條理，可以增進溝通的能力。

二、如何培養良好說話習慣

(一)先想後說

說話以前先想再說，不但可以增進思維組織能力，增進說話能力，而且可以不說錯話，也是對自己說話負責任的一種作法，所以老師在問問題的時候，要留下預想的時間，不可以急著要學生馬上回答，或是急著替他們回答了。要讓學生想了再說，這樣語言才能清楚有條理。

(二)聲音適中

　　說話是表達個人的思想和看法，而說話的目的是要別人能夠聽得清楚、聽得懂，如果對方聽不見，那麼說話就沒有意義了，所以說話的聲音要適中，讓對方聽得清楚，但不可太大聲而讓對方覺得刺耳，所以說話教學訓練適中的音量和音速是很重要的課題。

(三)考慮說話場合和說話的對象

　　認識自己的角色，知道自己在對誰說話，這是說話之前很重要的工作。對同輩說話和對長輩說話，要注意態度和語氣的不同；在課堂上說話，和下課說話也要有所分別。對同學開個玩笑，說話略帶戲謔是不傷大雅的，但是對長輩說話也沒規沒矩的，就不成體統了。

(四)注意說話應有的禮貌

　　有很好的說話禮貌，可以使自己成為受歡迎的人物，聽話的人也較願意傾聽你說話。說話的禮貌就是要「眼睛看著對方」、「誠懇的說話」、「有時要傾聽」、「不要打斷對方的說話」等。有禮貌的孩子才令人喜愛。

(五)對自己說話負責

　　一個人能對自己說的話負責任，也一定對自己的行為負責，訓練學生在說話以前「先想再說」，才可以說出自己可以兌現的話，對自己說話負責，可以獲得別人信賴，將來做事容易成功。

(六)注意說話的語氣

所謂「語氣」是指句子中,表達思想感情的種種表情,如肯定、疑問、否定、委婉、強調……等。表示語氣的方法常常是利用輕重音,或聲調高低和節奏的快慢來表現,這種有節奏的聲音也叫「音感」,說話時把感情流露出來。重視說話的語氣可以使語言更生動。

例如:「我同意這件事。」如果重音在「我」則不是別人,重音在「同意」則不是反對,重音在「這」則不是別件事。同時以語氣的高低也可以表示肯定句和否定句。同樣一句話,所使用的語氣不同,可能結果也不同。如「你為什麼來晚了?」語氣緩和則有關心的感覺;語氣高一些「你,為什麼晚了?」則有責備的意思;「你——為什麼來晚了?」則有問話的意思。同樣一句話,語氣不同所代表的語意不同,而所得到的結果也不同。培養學生用溫和的語氣說話是很重要的。

(七)培養幽默感

幽默是拉近人與人之間距離最好的方法。所謂幽默不是說笑話,也不是取笑別人,而是以最簡單的言語博得他人會心的一笑。一個人要有幽默感,他的先決條件,就是要先培養一個開闊的心胸,只有胸襟開朗的人,才有幽默感。

心胸開闊是不計較別人的語言和看法,而幽默感的表現是不必針對問題計較,可以從另一個角度看事情。

㈧培養學生說完整的話（例如：我看到兩棵樹在房子後面）

教師在對兒童對話時，要儘量避免「擠牙膏」式的說話方式，要讓學生說完整的語言。也就是說當老師和學生對話，儘量讓學生說完一段話，而不是問一句，說一句，像以下的對話就是以老師說話為主，學生只是單字或簡單的詞語回答而已，如此學生缺乏完整的思維訓練，當需要學生做完整說明時，學生就不知所措了。下面一段話，就是擠牙膏式的說話方式：

師：你的作業做了沒有？

生：沒有。

師：爲什麼不做作業？

生：因爲我生病了。

師：生什麼病？

生：感冒。

師：有沒有發燒？

生：有。

師：看過醫生沒有？

生：看過了。

師：等病好了再寫作業好不好？

生：好。

這種對話方式，學生不需要思維和整理，如果學生經過思考訓練，對於老師問的問題是可以連貫而完整的回答。教師在指導說話練習時，要避免聽一點、想一點、說一點的情形，老師的問話可以改變為：

　師：你爲什麼不寫作業。

　生：因爲我生病了。

　師：可不可以告訴老師，昨天你放學以後的情形。

　我們讓學生想好了，回答完整的一段話，對他們的思維訓練較有幫助。

肆
各種說話教學的方式

　　說話是國語教學中重要的一個項目。依據新課程標準，低年級第一學期前十週，國語科全部教學時間，用以學習說話及注音符號；三至六年級「說話」教學每週四十分鐘，採用混合教法為原則。在說話教學上，我們可以用以下幾種方式進行教學活動：

一、用漸進法建立說話信心

　　對於一個怕開口的兒童，首先要建立他們的信心。遇到不喜歡開口的兒童，老師可以用「是非法」、「選擇法」或是「問答法」來幫助他。例如先問他一些「你說這樣是不是？」或是「對不對？」的問題，兒童只要點頭或搖頭就可以了；等兒童不怕面對老師時，再用「選擇法」去幫他，問他們「你認為是●？還是

○？」讓兒童選擇答案；等到兒童有勇氣回答問題時，再以「問答法」增強兒童的說話能力，例如問他「你喜歡故事中的哪一個角色？為什麼？」

　　信心可以使一個人勇於表現，勇於開創，只是信心的培養不是一時片刻可以做到的，它必須在不斷鼓勵下，獲得對自己的肯定，所以它必須用漸進法完成。為增進兒童說話的信心，首先用「是非法」。例如：老師先說一個龜兔賽跑的故事，再問小朋友

　　——剛才老師說的是龜兔賽跑的故事嗎？
　　——龜兔賽跑是兔子跑第一嗎？
　　——龜兔賽跑是兔子在睡覺嗎？

　　如果學生不願意開口，用點頭或是搖頭表示都可以，只要小朋友答對，就給他讚美，給他信心。

　　其次用「選擇法」。所謂選擇法就是問學生問題，讓學生選擇一個標準答案。例如老師說一個龜兔賽跑的故事，然後問學生：

　　——剛才老師講的故事是烏龜和兔子賽跑，還是烏龜和小熊賽跑？
　　——故事裡是烏龜在睡覺，還是兔子在睡覺？
　　——故事最後是烏龜跑贏了，還是兔子跑贏了？

　　學生的說話能力加強後，再用「問答法」。例如老師先說了龜兔賽跑的故事，再問學生：

　　——老師說的故事叫什麼題目？
　　——龜兔賽跑中他們發生了什麼事情？

——如果你是那隻烏龜，你會等兔子嗎？

——聽了這個故事你覺得如何？

問答法就是讓學生直接回答問題，問題的形式可以多樣化、活潑生動一些。以循序漸進的方式，使學生在不知不覺中去除了怕說話的心理障礙，如此學生說話的能力就可以增強了。

二、用趣味化教學法增強說話能力

在國小的教學裡，遊戲是最有效而且最輕鬆的一種教學方法。以下提出幾種趣味的說話教學方法做參考：

(一)繞口令

繞口令是訓練說話靈活、咬字清晰的一種很好的方法。因為一般的繞口令總是在字音上差異很少，在句型上變化不大，而且充滿了趣味性，如此反覆練習也不會厭煩，而且可以使語音清晰，如在練習時加上速度和比賽的方式，就更可以引起學生的興趣了。例如：

壁上掛面鼓，鼓上畫老虎，

老虎抓了鼓，買塊布來補。

不知是布補鼓，還是布補虎。

桌子有圓有四方，四角掛了四鳳凰；

白鳳凰、紅鳳凰、粉紅鳳凰、黃鳳凰。

六合縣裡有個陸老頭，

蓋了六十六間樓，

買了六十六簍油，

堆了六十六間樓。

　　中國各地方留下了許多非常有趣的繞口令，這些繞口令都值得以遊戲的方法給小朋友學習。只是老師在指導時要先去選擇，以免造成兒童學習上的困難，或反而影響了說話的學習，例如造成口吃等。所以選擇簡單易學，而且又有趣的才好。

(二)語詞複述法

　　訓練學生聽老師說，再複述所聽到的，例如：

──「狗追一隻羊，猴兒騎在馬背上。」

──「牧童在樹上吹笛子。」

──「桂林山水的美，在它的自然和別緻。」

──「讀他的作品，可以使懶惰的人發憤，頹廢的人振作，懦弱的
　　人立志，跌倒的人爬起來。」

　　這種句子由短而長，屬「演進語料」，可以訓練聽話和說話的能力。一般在教學中可以選擇課本中的佳句，或報章上的優美詞句，對象可以找班上較內向、較少發言的學生開始訓練。

(三)問句對答法

　　由教師問一個問題，學生能想多少，則回答多少，五秒鐘之內不回答，則問下一個問題。

　　例如老師問：

　　——你覺得餓的時候怎麼辦？

　學生可回答：吃飯、吃漢堡、喝水。

　　——你覺得累的時候怎麼辦？
　　——怎樣形容夏天？

(四)描述、評述、模仿

　　對於高年級的學生，可以運用他們的觀察和組織能力，去描述或模仿所看到的。如在學生上臺說話的時候，請同學們好好的一面看清楚，一面聽清楚。等同學說完話，再請同學上臺去描述表演者的態度和聲音，或是去評論說話同學的內容是否恰當等。模仿秀是現在人們所樂於觀賞的節目，讓兒童去模仿名人、校長、老師或同學的說話也是很有趣的方式。

(五)比賽說話的速度

　　速度測量法是看學生在一分鐘裡能說多少句話，可以用朗讀的方式。或是出一個題目，說出語詞有「子」的詞，例如：金子、銀子、筷子、盒子、箱子、桌子、椅子……。
　　或是說出水果的名字，例如：李子、蘋果、草莓、山楂……。
　　或是過去學過哪些課文？
　　台北街道的名字？
　　說出親戚的名稱？
　　這種活動可以用分組的方式，大家一起腦力激盪，然後再算成績。用比賽的方式遊戲，相信可以使學生在遊戲中學習的更好。

三、用看圖說話教學法增進組織能力

　　看圖說話是低年級說話教學很重要的一個方式。看圖說話一方面是給小孩一個主題，說話可以有內容；一方面是有具體的圖畫，可以根據圖畫來說話。看圖說話教學要注意幾個地方，一是要訓練學生觀察──仔細的觀察，看清楚每一幅圖畫中的所有東西，包括背景和人物臉上的表情。敘述時不但要把握圖畫所表達的主要意思，圖畫中的主題說明清楚，同時要學習用描述的句子來說明圖畫中的人、事、物，以求在敘述和表達上能更為完整。

　　教學方式則可以先把四張圖畫放在黑板上，先由學生瀏覽，然後再一張一張的看。看的時候要提醒學生從大處著眼，小處著手，一面看一面請小朋友試著敘述，再由大家一起補充修正，修正後再由一位兒童做完整的敘述。講完了可以讓兒童用文字寫出來，就成了看圖寫作了。

　　在看圖說話的過程中，我們也可以在每幅圖下加上一、兩句關鍵詞，或每張圖的第一句話，如：

(1)有一天
　　看到
　　好吃的糖

(2)小平想吃糖
　　伸進瓶子裡
　　抓糖果

(3)小平抓了一把糖　　　　　　(4)媽媽聽到小平的叫聲
　　瓶口太小　　　　　　　　　　媽媽說
　　卡住了　　　　　　　　　　　小平說

　　看圖說話的教學過程，可以在學生仔細看完圖後，先揭示一
個問題：

　　——誰在做什麼？

　　讓學生思考和回答，然後再揭示第二個問題：

　　——誰在什麼地方做什麼？

　　讓學生說出人物、地點和發生的事情，最後再問第三個問
題。

　　——什麼時候，誰在什麼地方，做什麼？

　　這時候，學生開始想像在什麼時候，然後再想像怎樣的地
方，最後說出時間、地點、人物和事情的經過，就是最好的敍述
方式了。

四、用生活報告和專題報告學習組織的技能

　　「生活報告」是說話教學上最簡單的方法，除了在國語教學中使用，在生活倫理課程中也常用來教學。例如每天早上到校後，可以問學生：「今天在上學的途中，看到了什麼情景？」「等紅綠燈時看到了什麼？」「今天學校有什麼改變？」「明天是母親節，你想送媽媽什麼禮物？」這種訓練不但可以加強說話能力，同時對作文教學也有很大的幫助。

　　「專題報告」是出一個小題目，針對題目提出看法。例如一本書讀後感，環保問題、保育的重要等。專題報告要事先做好準備，老師要先指導報告的方式和內容的蒐集，必須要有充分的內容和條理的敘述，才能使報告完整。所以一般做專題報告事前的指導工作很重要，這種教學方式，在高年級實施效果較好。

五、用討論法增加思辨的能力

　　對於三年級以上的學生，找一個主題來討論是很好的說話教學方法。可以從報紙上的新聞中找一個主題來探討，或是讀過的課文中找一個題目來討論。討論的方式可以多些變化，可以「分組討論」，讓更多的小孩有說話的機會；可以一起討論，深入主題。只是進行這種教學法時，事前的準備工作是很重要的，要學生有話說，討論起來才能有趣，才能熱烈，所以在進行討論的前一天，預習的作業則要兒童去蒐集相關的資料，討論才能有效果。討論進行時，可以交換資料，交換意見，在腦力激盪下增加

思辨的能力。

六、用說故事方法增進說話的表情和語氣

人人都喜歡聽故事，它不但情節上生動有變化，而且好的故事充滿想像力，還能寓教於樂，發揮教化的功能。一位成功的教師總要牢記許多的故事，以便在教學中隨心所欲的運用，故事是一種很好的增強作用，也是一種陶冶心性的好教材。學生在聽了故事之後，不但可以培養其正確觀念，並且可以訓練其說話能力。

故事是敍述性的表達方式，一般來說是比較容易的，學生只要了解故事情節，知道故事進行的合理性和邏輯性，就可以把故事說好。而認識故事發生的地點、時間先後的秩序、人物之間的關係，都是訓練思維和記憶能力重要的工作。

學生說故事時，老師要注意他們說話的語音、語詞和完整的句子，並且注意動作和表情。學生則可以在說故事時，學習到說話的語氣和臉部、肢體的動作表情。

七、用演說方式訓練抓住主題的能力

演說是讓學生就一個題目做完整的闡述，這並不容易，但是經過訓練也可以發揮兒童的潛力，而有很好的成績。一般把演說的訓練都是放在中、高年級，老師可以先說明演說時應注意的事項。首先要抓住主題，知道要說什麼；接著要條理明晰，知道先說、再說、後說的段落，然後要有聲音的起伏和肢體的動作等。

訓練演說，首先讓學生寫下演說大綱練習。剛開始可以只要上臺講一分鐘的演說，然後再慢慢的增加時間。

撰寫演講稿，以寫大綱為主，讓學生看著大綱思索，如何舉例說明？如何引言加強論點？如何開始？如何結束？儘量不要背稿，這是訓練演講較正確的方式。

八、用辯論方式訓練歸納分析能力

一般學生都喜歡辯論，辯論是腦力激盪的活動，要反應靈敏，還要能抓住對方的弱點，提出自己的論點。傳統的辯論是一正一負交錯論辯的方式，目前辯論大多採奧瑞岡式。對小朋友來說還是用傳統的方式較適合，也就是分正辯和反辯。一組學生可多可少，可以分成兩組，一組正辯，一組反辯，然後選出主辯、結辯，再定出每人說話以幾分鐘為限，只要定出遊戲規則，就可以開始辯論了。這種不拘形式的辯論，可以增進學生蒐集資料的能力，增進彼此的情感，訓練學生敏捷的思考能力，還可以增強團隊精神，是很有趣味的說話訓練方式。

———————•伍
說話教學評量

老師對於學生平常的說話能力要隨時給予指導，在指導之

前，了解學生的說話能力是很重要的工作。老師可以為每一個小朋友做一張紀錄卡，隨時記錄學生的說話成績，才能給予適當的指導。紀錄卡可以做以下的設計：

姓名： 　　　　座號： 　　　　　　日期： 年 月 日

考查項目	教學前的情形	學習效果的實錄
國語發音		
語言表情		
語句組織		
內容條理		
說話態度		
聽話能力		

　　表格可以彈性設計，考查項目也可以增加或減少，教師依據此表，應隨時記錄，並且隨時給予學生個別指導。

　　評定語言等級的標準有：

　　(1)姿態表情。

　　(2)聲音響度。

　　(3)語音清晰度。

　　(4)講述內容。

　　(5)語句連貫性。

　　(6)句子正確性。

　　另外可以製定量表，平時即做評量的工作，將學生說話分成六項，由「拖泥帶水」到「簡潔」；從「前後矛盾」到「始終一致」等。分為五度方式評量，看學生的能力在哪裡，即在哪一格

裡打個√，以便看他進步的情形。表格如下圖：

學生姓名：　　　　**性別：**

	簡潔	始終一致	主題明確	用語適當	音調清晰	流暢
5						
4						
3						
2						
1						
	拖泥帶水	前後矛盾	沒有中心	方言頗多	音調不清	不流利

附　錄

淺談語序與語氣

一、語　序

　　有個大家熟悉的笑話：一位老外要到中國來，爲了表示禮貌，啓程之前，先學會了一句問候的話：「你好嗎？」但是當老外一下飛機時，一時興奮，竟說出了：「你媽好。」弄得接機的朋友，丈二和尚摸不著頭腦。

　　這個小笑話就是表示：每一個地方的語言，有它排列秩序的規則，有人稱之「語法」，但語法中還包括了主謂語、代名詞、介詞、數量詞等的內容，所以以「語序」表示語詞排列的形式較爲妥當。

　　語序的排列不是任意的，而是有規則。我們由以下幾個例子說明因爲語序不同，詞組結構的方式往往不同，而所表達的意思也會有出入。例如：

　　　好東西（從主關係）→東西好（主謂關係）

　　　坐進來（補語關係）→進來坐（連動關係）

　　　語言文學（聯合關係）→文學語言（從主關係）

　　　不好弄（從主關係）→弄不好（後補關係）

　　　車下（主從關係）→下車（述主關係）

　　　結束工作（敘述關係）→工作結束（主謂關係）

　　有些詞組語序改變了，結構方式雖然沒有變，但表達的意思不同。例如：「哥哥的朋友」→「朋友的哥哥」這兩句詞組結構不變，但表達的意思卻是兩樣。

　　就句子而言，語序不同就會引起句子的位置發生變化，所表達的意思也會略有變化，有時是表示的重點不同，有時可能連意思都不同了。例如：

　　「依我看，這件工程可以如期完成。」

　　「這件工程，依我看可以如期完成。」

　　前句語氣較爲肯定，而後句語氣上帶點兒懷疑的口吻。這是因爲句子語序的改變所造成的現象。

　　我們再來比較以下的例子：

　　(1)我不了解這個情況。（動詞、謂語）強調「不了解」。

　　　這個情況，我不了解。（主謂語句）強調「這個情況」。

　　(2)知道這件事的人不多。（形容詞謂語）強調「知道的人」。

　　　這件事知道的人不多。（主謂語句）強調「這件事」。

　　(3)我們來請他。（連動謂語）強調「來」。

　　　我們請他來。（請謂語句）強調「請他」。

　　(4)我們聽了這個故事，很受感動。（叙述語句）。

　　　聽了這個故事，我們很受感動。（強調故事作用）。

　　以上句子由於語序上的改變，而表達的意思有所不同。此外，有時句子語序上有它特殊的習慣安排，好像量詞的運用。一般名詞可以受數量詞的修飾，而量詞往往放在名詞的前面，例如：一隻貓、兩隻狗、三個人、八張桌子、一雙鞋子、一碗墨…

⋯⋯等。但一些表示稱謂的集合名詞則不受數量的修飾，數量詞循例放在集合名詞的後面。如「夫妻兩個」、「父子三人」、「兄弟四個」、「姑嫂兩個」⋯⋯等，如果把量詞放在前面那就很拗口了。如：

(1)**兩個夫妻**，互敬互愛，才能白頭偕老。

(2)那時，**兩個祖孫**在城外破廟裡，幸好有善心人士照顧，才免於飢餓。

以上例子改為「夫妻兩個」、「祖孫兩個」就順口多了。

此外，「把」、「被」等字的用法上，也常有語序錯用的地方，同學們的作文上就曾出現：

(1)「他被同學不看重。」如果將「不」提到「被」字上頭「他不被同學看重。」那就順暢多了。

(2)「小明的作品一向被老師不重視。」改為「小明的作品一向不被老師重視。」豈不是更好？

又如：

(1)「小張總是把事情不放在心上。」

(2)「最近調查結果，把這件事情，才弄清楚。」

以上的兩句就是學生常在寫作文時犯下的毛病。其實前兩句「不」、「才」要與「被」或「把」連用。或為：

(1)「小張總是不把事情放在心上。」

(2)「最近調查結果，才把這件事弄清楚。」

在我們說話時，語序是非常重要的，不恰當的語序會帶來歧義，造成誤會。避免分歧的意義，或語焉不詳，則需要靠語序的

安排。例如：「辦公室裡，只有二十八歲的<u>李校長</u>的女兒<u>李曉梅</u>在看書。」

句子中這「二十八歲」是指<u>李校長</u>還是<u>李曉梅</u>？如果是<u>李曉梅</u>，就該把它放在<u>李曉梅</u>前，成爲「辦公室裡，只有<u>李校長</u>二十八歲的女兒<u>李曉梅</u>在看書。」又如：

「參加座談會的還有漂亮的演員和導演。」句中「漂亮的」包括了演員和導演，如果「漂亮的」只是在形容演員，那麼在語序上也許就要改爲「參加座談會的有導演和漂亮的演員。」如此則語義分明。又如，有些句子說出來模稜兩可，有人說這句話有語病，其義就是語序的錯誤。

好像：「象形、指事、會意、形聲是四種文字的造字方法。」

這個句子的毛病就出在「四種文字」，也許應該是念成「四種」，停一下「文字的造字方法」，不過念起來還是不對。所以這是語序的問題，只要把「四種」放在「文字的」後面，那麼，這問題就全解決了。

又如：「我借了他三塊錢。」這句話是借他三塊錢？還是向他借三塊錢呢？爲了使語言表達清楚，最好是改成「我借他三塊錢。」或「我向他借三塊錢。」

此外，當我們說話時，常常有句中停頓的現象，句子太長就可以分句，用逗點分開，句子短時，較短的停頓一般都不用標點。事實上，一個句子往往不止一個可能有的停頓，而停頓的位置不同，也將造成句子結構上的變化。例如：「我們三個人一組」，這個句子，如果在「我們」後面有個較短的停頓，那麼，「我們」就是主語；如果在「我們三個人」的後面有一個小停

頓，那麼，「我們三個人」就成了主語。又如：「你看你大哥不是來了嗎？」這句話「你大哥不是來了嗎？」就成了「看」的賓語。若在「你看你」後面停頓，則「你看你」是指責的語氣，在句子上並沒有什麼作用。

在念書時，我們一定不難發現，在句子中可能會在某一處有較大的停頓，而往往停頓的位置不同就造成不同的意思。讓我們看看下面的句子。

(1)我知道他也了解你。
　　　　　　　　　我知道，他也了解你。
　　　　　　　　　我知道他，也了解你。

(2)我想起來了。
　　　　　　　我想：起來了。
　　　　　　　我想起來了。

(3)廣達香肉罐
　　　　　　廣達香、肉罐
　　　　　　廣達、香肉罐

語序的排列、語句的停頓，都將影響句子的意思，所以在這方面都應該特別注意。

二、語　氣

所謂語氣是指句子表達思想感情的種種色彩，如肯定與否定、強調與委婉、活潑與遲疑……等。表示語氣，常常利用重音、停頓或以語音高低的變化和輕重緩急的運用，有時也常常利用語助詞表示語氣。

如：「我同意這件事。」如果重音在「我」則表示不是別人；如果重音在「同意」則表示不是反對，如果重音是在「這」

則表示不是別件事。同時，也可以加上語氣詞使它變成肯定或否定，如：「我同意這件事的。」這是肯定句；「我同意這件事嗎？」就成了否定句。

句子的語氣可以分陳述、疑問、祈使、感歎四種。

例如：「他們走了。」平淡的說就是叙述句，如果把「走」提起拉長就可以成爲疑問句；如果把「走了」兩字聲音放得沈重緩慢，也許就是感歎句了。

又如：「好小子」，如果說這三個字語氣緩和，可能表現出很親暱的樣子。好像：「好小子，幾年不見越發長得健壯英俊了。」如果語氣顯得沈重兇狠，可能就是「好小子，你敢在太歲頭上動土。」同樣的話，但說話時，語氣的輕重緩急以及後面所接的句子，都將使相同的詞變成了相反的意思。

在語氣表現上，除了使聲音有抑揚頓挫、輕重緩急的表現之外，有時在語氣的表達上也可以兼用語氣詞。

例如：「他走了！」如果在後邊加個「嗎」→「他走了嗎？」就成了疑問句。如果在後邊加了「吧」→「他走了吧！」就有了祈使的意味。而如果在後面加個「啊」→「他走了啊！」就有感歎的意思了。

一般我們所用的語氣詞主要的有六個──的、了、呢、嗎、吧、啊。

的──表示確實如此。例如：他到過巴黎的。

了──表示已經如此。例如：他到過巴黎了。

呢──表示不容置疑。例如：我到過巴黎呢！

嗎──表示疑問。例如：他到過巴黎嗎？

吧──表示半信半疑。例如：你到過巴黎吧！

啊——表示增加作用。例如：我到過巴黎了啊！

不同的語氣詞將帶著句子走向不同的意思。如：「老王呢？」（這是在找老王）「老王嗎？他剛走。」（再肯定一下是否爲老王）

表示感歎，往往都用「啊」，但是「啊」字常受前一個字聲音的影響，而發生了音變，這就是所謂的「衍聲助詞」，於是「啊」產生了不同的聲音。在書寫上也用了不同的文字。例如：

是你呀！

好苦哇！

天啊！

什麼事啊！

事實上，說話時，語氣是非常重要的，同樣的一句話，往往因爲語氣上表現的不同，而造成不同的結果。有些人說話肯定慷慨，有些人則委婉動人，有些人言詞閃爍，有些人聲勢逼人。這其中除了用詞、造句上或是簡捷、冗長等現象之外，說話語氣，也就是語句輕重緩急的變化，是最主要的原因了。

第五章

識字教學

　　《漢書藝文志》記載：「古者八歲入小學，故周官保氏掌養國子，教之六書：謂象形、指事、會意、形聲、轉注、假借，造字之始也。」這說明：在公元前八百年前的語文教學，即以識字爲先。清人王筠的《教童子法》也說：「蒙養之時，識字爲先，不必遽讀書。……能識二千字，乃可讀。」說明兒童啓蒙時不必先急著去讀書，能認識了二千個字以後，再開始讀書。這種教學理論主要是強調識字的重要性。因爲書裡的一篇篇文章，都是由字組成的，只有識字越多，閱讀才能越方便、越快速，效果更好。

　　直到清末民初，小學語文的教材仍以識字爲先，到了五四運動以後，大量引進西方科學、心理學等研究方法，學者開始思維語文的教學是以純識字爲主，還是應該依據兒童以趣味爲導向的學習方法爲主，於是在語文教材的編寫上有了突破，以文章作爲導入語文學習的途徑。所以今天語文教學不以純識字爲主，而是從課文識字，同時認識詞彙和句子。

　　在談識字教學之前，首先必須對中國文字的特性有充分的了解，如此才方便進入識字教學的領域。

壹
中國漢字的特色

一、文字較單純統一

漢字是一字一個音節、沒有時態、性別和單複數的問題。

漢字一字一音，它與口語相對應，說話人說出一個聲音，寫字時就可寫出一個文字，一字有一字的聲音，有一字的意義。它不像英語，一個字意有單音節的、有複音節的，也有三音節的字詞。在語音上說，漢字字數多，但音節少，漢字有六萬多個字，但音節只有四百多個，所以比較單純。

其次是漢字比較穩定，不受「性別」、「時態」和「數量」的限制。就字本身來說，它比較簡單。不像西方的文字，有陰性、陽性的變化；有過去、現在的不同；有單數、多數的區別。

因為漢字的單純統一，所以發明漢字至今，在時間上已經歷時久遠，但都不會影響中文在閱讀上的問題。也就是說，今天的人仍能閱讀兩千年前的書籍。不像西方的文字，經過時空的轉變，有許多文字若非專人，則無法解讀了。所以漢字造字單純，使用則有延續的特色。

二、形聲字多，容易學習

中國文字在習寫上比較困難，但是在認知上有它方便的地

方。漢字的造字方法雖有象形、指事、會意、形聲的不同方法，但是在中文裡「形聲字」占了百分之八十左右。形聲字的特色是一邊表形，一邊表音，在認知上容易了解字義。例如：從「木」部的字，都與樹木有關，如樹、林、森、海、李、杏……；從「水」部的字都與水有關，如：江、河、海、濃、淡、流、源…；從「火」部的字也都與火有關，如：炎、燒、爆、熟、熱…。除了部首可以辨識字之外，國字的右文，也就是形聲字的表音部分，也有辨識字義的作用，例如：有許多從「夋」的字都有善、美的意思，如：駿馬、英俊、疏浚、竣工等；又如從「侖」的字都有條理的意思，如：倫理、言論、水淪、車輪等，讀者可以從字形裡去判斷字義，在識字上，比較容易。

三、常用字集中，可組合大量的語詞

中國文字在《康熙字典》裡有四萬多字，但是在一般字典裡只有一萬字左右，過去啓蒙用的《三字經》、《百家姓》、《千字文》總共有一千四百五十字右右。目前小學國語課本所學的字，約有三千字，小學畢業的學生就可以看懂報紙了，這表示國字只要識得三千字右右，就可組合成數萬個詞彙。例如：

「牛」：有水牛、黃牛、大牛、小牛、母牛、公牛……。

「雞」：有公雞、母雞、大雞、小雞……。

「車」：有公車、火車、汽車、轎車、貨車、腳踏車……。

學會一個「烈」字，就可以組成：烈日、烈火、烈酒、烈性、烈士、剛烈、猛烈、強烈、激烈、熱烈、先烈、忠烈、英

烈、壯烈、熊熊烈火、興高采烈、轟轟烈烈⋯⋯。

　　學會一個「家」字，可以組成：畫家、自家、家母、家人、家境、家常、家庭、安家、持家、搬家、當家、起家、家喻戶曉、百家爭鳴、傾家蕩產、白手起家、四海為家⋯⋯等。大量的組詞是中文的一大特色。

四、以象形字為基礎，具有文化特色

　　漢字是表形的符號，它是形、音、義的結合為一體。國字以象形為基礎，由獨體象形、合體象形，到會意、形聲，每一個字的來源都富有趣味，例如：

　　國字除了字形上有其特色之外，在字形、字義的講解上，也都深具文化的意義。我們可以從祖先造字上，看到中國人的思維過程，以及中國人的政治觀、價值觀。例如：

目　眉　夫　立　女　母　水　川　本　末

　　「政」──從　　，正也。　　是從手執權杖，導而正之。

　　「教育」──「教」是「從　孝聲」。孝是使之順也，右邊從「手」從「卜」帶有強制、權威的要求；但是「育」上面是「ㄊ」像襁褓中的幼兒，下面是「月」（肉），像是孩子受到關愛和呵護。這說明中國傳統的教育是要給孩子一點勉強，一些要

求，但是也給他們愛和關心。

　　「道德」——道是「**䠗**」人行於路中；德是「**德**」人行於路中睜大了眼，將看到的事物於心中有所得，即是人們生活的常規，是人們所以和諧而可以共同遵行的行為，這就是「道德」，所以道德，會隨時代和地區的改變而變遷的。

五、漢字形體清楚，容易辨識

　　中國文字是正方體的結構，有簡單筆畫的字，如：一、丁、上等，只有兩、三個筆畫；但是也有字形複雜的字，如：龜、鬱、體等字，都有二十幾畫。這些字都有屬於它特殊的外型，容易辨識，這就是一些曾用漢字的國家，不容易廢棄漢字的原因。如日本、新加坡。因為其形體結構容易辨識，尤其在高速公路上看地名，更是清楚易辨。

六、可以與書法藝術結合

　　漢字造字是以象形為主。象形意義是「畫成其物，隨體詰屈，日月是也」，字的本身極富有圖畫的意義，為了能夠畫成其物，能夠隨體詰屈，所以在自然的組合中，就出現了長方體、正方體、三角形、扁平、瘦長等有變化的字。例如：

　　有三角形的字——企、金
　　有正方形的字——河、歷
　　有梯形的字——並、三

有長方形的字──中、了、冀、身

有菱形的字──今、合

在文字筆畫的組織上，又因為有簡單的三、兩筆，和複雜的二十幾筆的字，有長形、扁形等不同的形體，於是在藝術的表現上，容易產生節奏、變化、欹正、疏密、開闊等的藝術感。加上中國特有的書寫工具──毛筆，更是隨著毛筆的柔軟，表現出剛勁、挺拔、飄逸的不同變化的字體。所以將實用的文字，同時兼具藝術創作，這也是漢字的一大特色。

──────● 貳
漢字難學之處

一、形、音之間有差異

漢字雖有許多的優點，但是在學習上仍有它困難學習之處。最主要的就是因為漢字是以表形為主的文字，「字形」和「字音」之間沒有必然可循的途徑，使說話和書寫之間產生了距離。識字和書寫與語言沒有直接的關係，雖然國字形聲字多，而且是一邊表形，一邊表聲，但是由於中國版圖遼闊，年代久遠，並非每一個字都可以右文中念出它的聲音來。雖然在學習過程中，常聽到一種說法：「有邊讀邊，無邊讀中間」。但這種方式是很危

險的，因為有些字可以從右邊的表音的符號來尋找字音，但不是絕對的可靠。像「寺」、「侍」、「恃」聲音相同，但是「峙」、「特」、「待」就相差很遠；又「駿」、「俊」、「竣」、「浚」字音相同，字義也相關，但是「酸」、「梭」、「逡」的聲音就相差很遠；又「沾」、「站」相去不遠，但「玷」、「拈」就風馬牛不相干了。這在學習上容易混淆，需要較多的時間練習，是漢字難學之處。

此外，漢字字數多，音節少。《康熙字典》有漢字四萬多個，但是音節只有四百一十個，一字多音，或一字多調的情形很多，在學習上有它的困難處。

二、字形複雜筆畫多

拼音文字，如英文，只要會二十六個字母，就可以拼出不同的幾萬個字來，而且這二十六個字母在書寫上還是很容易的事，但是漢字就一般字典，其重要的部首就有兩百多個，《說文解字》有五百四十個部首。光就部首本身就不容易書寫了，再要加上另外一旁的字，在識字和書寫上都是一件不容易的事。

其次漢字的筆畫也較複雜，除了「永」字八畫的點、橫、豎、鉤、挑、趯、撇、捺之外，還有橫鉤、豎鉤、戈鉤、豎彎鉤、橫折鉤等；此外書寫時，雖然有由上至下，由左至右的規則，但有些字不易判斷它的上、下、左、右，於是筆順就有所爭議，目前只是依據習慣或從行書的筆順間去尋找，在教學中要格外費心。

三、有些字形太相似，不易辨識

　　漢字因為從象形入手，造字有限，於是形聲字，表形的一旁是同一部首，其形體相似，而表聲的一旁又多類似，所以在辨識上，若非下相當的工夫，不易學好，這對初學者也是一件很困難的事。例如：

　　大、犬、太、夭
　　戊、戌、戍、戎、戒、成
　　困、因、囷、囚
　　朋、崩、萌、明
　　培、倍、陪、掊、棓、剖、碚、賠

　　以上這一類形似的字，在國字裡出現的很多，對初學者是容易混淆的，必須在講解時，說明造字原理和字義的關係，才能完全明白。

四、破音字多

　　學習漢字還有一項困難之處，就是一字多音的現象不少。由於人類生活越文明，思想越複雜，需要用來表達思想的文字，就越來越多。

　　於是國人對於不敷使用的漢字，就用了「假借」的用字方法，而造成國字一字多音的情形，這種一字多音多義的字就是所謂的「破音字」。另外，中國幅地廣大，過去書同文，但是字不

同音，所以受方言和官話的影響，而有許多「讀音」、「語音」的不同，加上還有「又讀」的現象，所以字音複雜，學習不易，也因此產生識字的困難度。

目前教育部有感於字音的複雜，不利於語文的學習，是以在民國八十八年三月公布了「國語字多音審訂表」，將三千多個多音字，改併成單音字。

---● 參
如何識字教學

一、應用拼音能力，增進識字量

兒童在學字之前，大多已經會說話，他們只是聽到聲音，大都可以了解字義。教兒童識字之前，先教會注音符號。由簡單的三十七個注音字母，就可以拼出所有國字的聲音，再從聲音裡了解字義，自然就可以增加識字量。所以國小一年級前十週先學習注音符號和拼音，利用拼音能力，解決識字的困難。

二、從詞入手，教有意義的文字

由於「詞」是有意義的、最小單位符號，在講解字義時，從詞入手較容易了解字義。

　　詞的類別有單音詞、複音詞和多音詞，一般「單音詞」由於運用上的方便，而加了詞頭或詞尾。如：石頭、碼頭、簾子……，由詞來解釋「詞義」，再說明「字義」就容易明瞭了。

　　「複音詞」有組合式複詞，如：火車、紅花、白雲、高塔。有聯合式複詞，如：高矮、長短、清潔、炎熱。有結合式複詞，如：革命、鼓勵、目標、市井。「多音詞」則是要三個字以上，才能表達完整的意義，如：火車站、合作社、百貨公司等。教學生識字時，先說詞義，再教字義，在教學進行中兒童較容易明瞭。例如：講解「封」字，就從「封閉」開始講起，因為就「封」一個字是很難界定它的意義，「封」字總是和其他的字連用的，如信封、封住、封條……，所以在教學時，先教詞讓兒童對詞有了概念之後，再講字的解釋，然後再利用教過的字造詞，引申字義，這樣文字就豐富起來了。

三、加強音近、形似字的解說

　　漢字多一點，少一點都有它的道理，並不是形似就可以了。在教學中教師要認真說明，而且文字的筆畫連與不連，都有它的原理，「士」不可以寫成「土」，「找」不可以寫成「我」；「狠」與「狼」只有一點之差；「烏」與「鳥」也只差在一橫上；「戊」與「戌」、「戍」、「成」之間也有一些差別，「弟」和「姊」它的轉彎方式是不同的，教生字一定要把這部分弄清楚，才不會寫錯字。

　　國字裡有許多聲音很相近，而意義又很相似的字，遇到這些字時，一定要加強說明，才不會混淆了字義。例如：「決」和

「絕」聲音相同，字義也相近，所以許多人用它時常會搞錯。如下例：

——惠美絕（應為「決」）意重新尋找自己的位置。
——她再三表示，對小強的錯，她決（應為「絕」）無恨意。

決：水由堤口開裂。借用為主觀的判斷，如：決意、決定，表示不可改變的意思。

絕：《說文解字》：「絕，斷絲也。」本義割斷絲，引申為斷絕，例如：絕交。又當窮盡、極、最講，如：絕處逢生、絕無僅有。

又如「躁」與「燥」：

——小華等朋友等得急燥（應為「躁」）不已。
——躁熱（應作「燥」）的天氣令人煩燥（應作「躁」）不安。

躁：是「不安」的意思，用足部，表示人在性急時總是來回行走、坐立不安的樣子，所以急躁、煩躁、狡躁都用「躁」字。

燥：是乾焦的意思，所以從火部，於是乾燥、燥熱、燥灼都用「燥」字。

又如「屈」與「曲」：

屈：是一種有翅無尾的昆蟲，爬行時屈身而前進，引申為彎，如：屈膝、屈折、屈服。

曲：是可受物之圓器，後被引申為曲折、不直的意思，有曲線、曲意、歪曲等。

中國字裡有許多是聲音相同的字，兒童由於先學會說話再學習識字，常把同音字相互為用，於是造成了寫錯字的現象。如

像：必竟（應作「畢竟」）、委曲（應作「委屈」）、燴炙人口（應作「膾炙人口」）等，對於音近而容易弄錯的字，要多加解說以免用錯。

又如：

知書達「理」──應作「禮」（指對書有所認識，並且能了解禮的行為準則）。

「響」以掌聲──應作「饗」（饗：是指回饗、回饋的意思，這句成語是指以掌聲來回饋他）。

「凡」夫走卒──應作「販」（是指一般的攤販或是拉車的人）。

惹「事」生非──應作「是」（是指把是的弄成了非的，顛到了是非）。

「淺」移默化──應作「潛」（是指在無形中去感化他，而不是很少的改變）。

其次對於國字中音近而義不同的字，也要多練習和說明。例如：

門牙──萌芽　禁止──靜止　演進──眼鏡　花布──發布
會話──廢話　灰雞──飛機　進士──近視　寒暄──喧嘩

形近音似是造成兒童寫錯字的原因，弄清楚這部分，可以避免寫錯字。

四、掌握漢字的特點，運用文字學原理

識字的一個重要任務，就是當兒童看到符號時，能說出那個

字所代表的意義。——除了會念之外，更要能懂。了解字義可以記得快些，而且不易寫錯字。人類記憶有意義的符號可以記得長一些，對於無意義的字不易了解，更遑論記憶了。如上面所說的「封」，它的字形是左邊兩個「土」字，右邊是個「手持一物」，就是用手把土堆放在一起，使它封住出口，不得通行。識字教學中，運用文字學原理，不但有趣味，而且容易學會。如：

「慕」是形聲字，從心莫聲，莫是日隱草中，有昏暗的意思。

「祭」是會意字，以手持肉以示神明，夕是肉，又是手。

「裹」是從衣，果聲。

「登」是兩手攀登，從「豆」聲。

「步」是表示各向前走一步，右下方不可多一點成「步」。

「眾」上半是目，下半是指三個人，不可寫成「眾」。

漢字是每一個字都包含了形、音、義，從中國文字的源流，可考的甲骨文、金文中可以看出。過去的文字不多，大都以象形為主，從象形、指事、會意和形聲中演進而來。識字教學時，對字形要溯其源，了解造字的原理，不但可以建立對文化的認同，而且對字形、字義容易學習、容易記牢，不會寫錯字。

五、教學過程要由正音、釋義、再辨形

漢字每個字都包括了形、音、義，三者的統一聯繫。由於兒童在識字之前已經會說話，對字音的了解多一些，所以教生字時先要求學生把字音念清楚，讓學生知道這個字就是這個音，把字音和意義聯繫起來，對字義有了一些的認識，再說明這個字的意

思，等兒童對這個字的字音達到會念、會講解的程度，再說明這個字的字形，哪一橫要長，哪一撇要短，如何寫才不會寫錯字。按照這樣的程序來學習，可以收到事半功倍的效果。

　　在識字教學中，要教給學生記憶字音、字形、字義的方法，培養識字能力，並且促進觀察力和想像力。例如：教「烏雲」的「烏」字，先教學生正確讀出「ㄨ」的字音，等學生都念得很好，再告知「烏」的意思。說明「烏」是一種鳥，它和鳥字的寫法相同，只是少了一橫，那一橫就是鳥的眼睛，因為烏這種鳥的羽毛是黑色，眼睛也是黑的，遠遠望去看不見眼睛，所以少一橫，後人就借「烏」字為黑色的意思，那麼「烏雲」就是黑色的雲，「烏溜溜」就是黑的發亮，最後再說明烏字的寫法。如此可以做到先正音、再釋義、後辨形的過程，而且教給學生容易記憶的方法和想像的空間。

六、注意筆順的正確書寫

　　筆順是指一個字的點、撇、勾、捺的書寫時的先後順序。雖然字是由許多的筆畫組合而成，但是它的基本筆畫不過二十個，其書寫筆順不過以下七法。明瞭筆畫的順序，可以使書寫比較流暢，而且在書寫時比較能掌握字形，寫出比較整齊漂亮的字，所以在辨形的教學過程中，不要忘了筆順的指導。

規　　則	例　　字	筆　　順
先橫後豎	十	一 十
先撇後捺	八 天	ノ 八 一 二 手 天
從上到下	豆 千	一 戸 戸 豆 豆 一 二 千
從左到右	地 河	十 扌 圠 地 地 丶 丶 氵 汀 汀 沪 河
從外到內	月 向	ノ 刀 月 月 丶 亇 冋 向
從外到內 先裡面，後封口	因 困	丨 冂 冂 冈 困 因 丨 冂 冂 田 困 困 困
先中間，後兩邊	水 小	亅 扌 水 亅 小 小

七、運用集中識字法加強練習

　　前人在啓蒙教育中，第一步是用較短的時間教兒童認識兩千多個字，然後才逐步教他們讀書。這種教學法稱為「集中識字法」。

　　所謂「集中識字」，就是為識字而識字，把字集中起來教，利用較短的時間學會較多的字。在過去兒童啓蒙學習《三字經》、《千字文》、《百家姓》等這幾本啓蒙書，在識字上發揮很大的效用，因為它們字數不多，但是很少重複出現的生字，就《三字經》有一千零三十八個字，累計生字是五百二十個，《百家姓》有三百二十二個字，《千字文》有一千個字，生字有六百一十個，三本書加起來就有一千四百五十二個生字，對一個初學

的兒童來說，可以在很短的時間裡，就學會很多的字，這對日後的閱讀有很大的幫助。

　　傳統識字教學的任務單一，只求認讀字音，教學過程簡單，主要有兩個動作：一個是讀，一個是背。傳統識字教學法注意認讀字音與書寫，解釋和應用則分開學習。缺點是方法呆板，教學過程單調乏味，容易使學生產生厭倦情緒。迫使學生硬讀、硬記、硬背，甚至用體罰的方式來達到目的。

　　為了加強兒童的識字量，目前大陸有幾處教育機構做這種實驗，看他們的報告，效果很好。他們讓兒童在入學二年裡，學會一千五百個字左右，小學四年級前學會三千多個字，五、六年級則大量閱讀。目前國語課雖然是從文章入手，我們仍然可以用集中識字教學法，做為補充教學。例如把形似的字集中起來加強練習，或編成歌謠的方式來學習，如此學習起來就更有效率了。如：學習「墓、幕、摹、慕、驀、暮」。

　　有土作墳「墓」，有巾是「幕」布，
　　有手好臨「摹」，有心真羨「慕」，
　　馬跳「驀」地驚，日落天已「暮」。

堯字歌

　　用火「燒」，用水「澆」，東方日出是拂「曉」，
　　左邊絞絲彎彎「繞」，換上提手是阻「撓」，
　　依靠旁人是「僥」倖，豐衣足食才富「饒」，
　　帶草成「蕘」，帶女「嬈」，帶木「橈」骨少不了。

八、利用工具書，勤查字典

兒童識字的過程，如果都是經老師教了以後才得以學會，那麼，兒童在離開老師以後，就無法自行讀書了。所以一位好老師是啓發兒童閱讀的興趣，讓兒童能自行閱讀，對於不懂的地方可以自行查字典，尋找答案，這樣才能豐富兒童閱讀的書籍，增加兒童的知識。

學校裡都有字典、詞典、百科全書等工具書，老師在上課時要告訴學生，每一種工具書的特色和使用的方法。在每一課做預習時，則出一些需要學生查字典或是百科全書的作業。平時家庭作業，也把查字典，或查參考資料，列為重要的一項功課。如要學生找出同部首的字十個，或是聲音相同的字十個，或是找出同義詞五個等。如此兒童習慣了工具書的運用，一旦遇到學習上的困難時，就可以運用工具書來解問題了。

九、善用教具

教具是一種實物，實物總是給人具體的形象。教具是一種已經準備好的教學用具，教師有教具，上課可以節省許多時間。

國語課文中有些描寫現象，或是描寫感情，有時會用了一些抽象的文字，或是兒童從來不曾見過的事物，在學習上不易了解文意。這時候，有的詞可以用實物示意，有的用圖片或模型來說明。如此兒童對不熟悉的詞語就容易了解了。例如，要解釋「潺湲」、「森密」、「陡峭」這些兒童陌生的語詞，如果給兒童看

看圖片，再說明就簡單多了。

　　此外，現在錄音帶、錄影帶都非常盛行，老師能有這些資訊，善加利用，對語文教學有莫大的助益。如課文的內容有關地理的如〈阿里山看日出〉，或有關科學的如〈揭開天空的祕密〉、〈發明大王愛迪生〉等，都可以利用相關教具來加強教學，既有趣又有效。

　　在教學中有些圖片或實物，可以讓中、高年級學生協助蒐集。生字卡也可以讓兒童去書寫，老師也可以先設計好一個格式（如下圖），讓兒童在預習時分組讓學生書寫生字卡（適用高年級），兒童能參與，學習的效果會更好。

字	部首
	筆畫數
詞：	

部首	字	注音
造詞：		
造句：		

肆
如何避免寫錯別字

一、兒童寫錯字的情形

寫錯字是目前許多教師所感到擔心的事，兒童寫錯字有越來越嚴重的情形。在談到如何避免錯字之前，我們先看看兒童所出現的錯字情形。大概的分析，可以歸成三類型：

(一)筆畫的增減而寫錯

就是寫出來的字，多一筆或是少一筆，這種情形對低年級的兒童出現的比較多。如：太「陽」寫成太「陽」；「戍」守寫成「戌」守；「翰」墨寫成「翰」墨；「挖」土寫成「挂」土；彈「琴」成了彈「琴」；或是多寫了一點，如「紙」、「迎」寫成「紙、迎」；或多寫一撇，如「展」、「喪」、「預」等寫成「展、喪、預」。

(二)字形很類似而寫錯

國字有許多字形很像的，如：「丐」和「丏」；「陷」和「滔」；「勸」和「勤」；「揚」和「楊」；「翼」和「冀」字形很接近，所以容易寫錯字。有時由於讀書時對字不求甚解，有邊讀邊的緣故，或是學習的過程有瑕疵，等到要用時，一時想不起，就找出同音的字或形似的字來假借了。例如：「拈花惹草」

寫成「沾花惹草」;「風聲鶴唳」寫成「風聲鶴淚」;「斡旋」寫成「幹旋」。兒童在學習中,如果不能詳加學習則容易寫錯字。

(三)同音假借而寫錯

兒童先會說話,再學識字,當兒童對字音了解不夠清楚時,就會同音假借而寫錯字,例如:「籃球」寫「藍球」;「寒暄」寫成「寒喧」;「按部就班」寫成「按步就班」等等。這種現象,是因為對文字的意義不夠清楚,所以就同音假借了。

(四)對詞語不明瞭而寫錯

有些兒童對詞語的意義不甚了解,於是憑概念而誤用的,這種情形很多。如「謳」、「嘔」、「慪」、「漚」,字形很像,如果忘了部首,又不知意義只有混用了。例如:

——詩人用他那如椽的巨筆嘔(應爲「謳」)歌偉大的時代。

——小明個性太強,稍不順心,她就跟人家謳(應爲「慪」)氣。

——每一篇詩歌都是作者漚(應爲「嘔」)心瀝血的創作。

——東門邊的池子,是農人拿來嘔(應作漚)麻的。

謳:是歌唱的意思。例如:謳歌。

嘔:是吐的意思。例如:嘔吐、嘔心瀝血。

慪:是慪氣的意思。心中有氣,所以是豎心旁。

漚:漚,久漬也。本義是長時間的浸泡,使之起變化。例如:漚麻、漚糞。

二、避免寫錯別字的方法

㈠運用勤講、詳析、多練習的方法

明瞭學生容易寫字的情形，我們在教學中對要針對這些問題給予破解。最簡單的方法就是在教學生寫字時，要每一個字都教清楚，說明字體的結構，筆畫的書寫和容易弄錯的地方。

㈡講解生字時，將易錯的字用紅筆畫出來

當兒童學習生字時，對於容易寫錯的字或容易寫錯的部分，用有顏色的筆將它標示出來，可以加深字形的印象，增加學習的效果。例如：辨、辯、瓣、辦等，將中間的部分用不同顏色的筆標示出來；晦、誨、悔；湍、瑞、端、喘、踹、揣……等，要用不同的顏色把不同的部首標示出來，並且說明它們的不同用法，學習就容易多了。

㈢加強造字原理的解說

認識造字原理，可以賦予文字生命，也可以避免寫錯別字，如「刃」上的一點是刀的光芒，不可寫成「刃」；「事」是以手執事，自然要寫成「ㄋ」；「染」是要經過多次的浸泡整染，「九」是表示多次，不可寫成「丸」。加強造字原理的解說，可避免寫錯別字。

第六章

課文深究㈠
——內容深究的指導

壹
內容深究的意義

「內容深究」是語文教學的重要工作，它包括：

(1)對課文的內容有充分的認識。

(2)對課文的主題能掌握重點。

(3)對於課文的取材能充分了解。

(4)對於課文所傳述的精神、觀念能加以探究。

(5)對文章邏輯概念和審美觀要加以訓練。

一般文章是通過語言文字，表示一個中心思想。就記敘文來說，有所謂「**是什麼？**」和「**為什麼？**」的問題。

「是什麼？」指的是課文的內容是什麼？它包括所記敘的人物、事件以及故事情節。「是什麼？」偏重課文的知識面。

「為什麼？」指的是隱藏在這些人、事、物背後的思想及邏輯思維，也就是文章中心思想。

閱讀教學的過程是：

透過文字──→認識文章的內容──→從內容去揣摩作者的思想和旨意。

認識文章外在形式，只是讀書的手段，了解課文內在的精神，才是讀書的目的。所以語文教學不但在學會文字的運用，同時學習文章中的知識和精神、觀念。內容深究就是加強這方面的學習。

────── • 貳
內容深究的目的

一、擴展知識領域

　　一篇文章讀過之後，往往只留下一些概念，經過深究之後，才可以對文字深層的意義，有進一步的認識，而對文章的內涵也可以充分了解。例如：國語第五冊第六課〈孔融讓梨〉，讀過之後與學生探討以下幾個問題：

　　「孔融是什麼時代的人？」

　　「孔融有什麼成就？」

　　「孔融為什麼挑小的梨吃？」

　　「假使是你，你會挑小的吃嗎？為什麼？」

　　「孔融的成就跟他小時候讓梨有關嗎？為什麼？」等，上完一課課文，對課文有深一層的探討，可以增加許多的知識。

二、建立正確的觀念

　　正確的觀念有助於將來做人處事，平常讀書只是看到書中的故事，只有在深究課文時，才能了解作者寫作的旨意，才能建立起正確觀念。例如：國語第五冊（八十二年國編版）第一課〈我的家在鄉下〉，教完生字新詞，可以和學生一同探討以下問題：

　　「鄉下的美在哪裡？」

「大自然為什麼很美？」

「人會破壞自然的美嗎？為什麼？」從許多的問題中，培養小學生愛鄉愛國的情操，建立環保的觀念。

三、培養正確的判斷能力

正確的判斷能力是使人行事不錯，有能力和有信心去解決問題。而且判斷力有助於在寫作時把文章內容做更完美的組織和呈現。例如：國語第五冊第十一課〈合作的重要〉，教完後和學生探討：

「為什麼要合作？」

「為什麼有些人無法合作？」

「如何的合作，才是最有效率的合作方式？」……教學生從課文中認識如何做才是最好的選擇，藉此培養正確的判斷能力。

四、訓練思維的方式

重視學生思維能力的培養，是語言訓練的要求。智力的核心是思維能力，而思維和語言又有密切不可分的關係。一方面，語言的存在依賴於思維。語言一旦離開了思維，就成為一連串無意義的音節和符號，實際上也就不成其為語言了。另一方面，人的思維總是藉助語言進行。

兒童提高思維、想像等能力，就能舉一反三，靈活的掌握和運用所學知識。學生的能力各有差異，有的記憶佳，有的觀察力強；有的善於分析、判斷、思維敏捷，有的長於形象思維，富有

想像力。透過深究課文的訓練，了解作者的思維過程，可以增強自己的思維能力。

五、認識作者取材的方法和範圍

同樣寫敘述文，作者敘述的重點不同，也就是取材的方向不同，讀起來的感覺就不一樣。同樣說明文，作者說明的方法不同；同樣寫一種抒情文，不同作者表達的方式不同。明白作者取材的方向和表現的方法，有助於學生的寫作。例如：國語第五冊（七十八年國編版）〈劉銘傳造鐵路〉、〈蔡倫造紙〉、〈愛迪生發明電燈〉三篇課文都是寫人物，但是取材上就不同。〈劉銘傳造鐵路〉的寫作方式是由媽媽帶小孩和外婆去新公園，看到火車頭而談起，以對話的方式說明；後二者則直接敘述一個故事，以敘述文來說明，作者取材角度不同，表現的技巧也不同。

六、由欣賞文章，培養美感經驗

欣賞課文是內容深究的一部分，感受和聯想是學習課文中所帶來的美感教育，同時也是學習作文的重要訓練。有豐富的想像力，才能寫出生動活潑的文章，培養想像力可以在欣賞課文時，發揮學生的聯想，對文中的旨意多做揣摩，感受文章之美，培養審美能力。

要欣賞文章，培養美感經驗，可以從以下幾個方向著手：(1)教學時，遇到描寫生動的文句，讓學生閉上眼睛，想像情境；(2)對於課文內優美詞句，要詠讀再三，或高聲朗讀，讀出文中的情

感來；⑶教師多用提問法，讓學生聯想周邊情形；⑷讓學生從文章中找出優美詞語或精彩片段。

————————• 叁
如何深究課文內容

一、加強提問能力

人為什麼常要發問？簡單的說，就是為了探索消息，增進了解。發問是教師平日教學常用的教學技術之一。早年在兩千多年前，如孔子、孟子都應用了發問技巧來導引學生學習。所謂「發問」，簡單的說，是引發他人產生心智活動，並試圖作回應的語言刺激。它的重要性常被教育學家所強調：以為發問是促進學生思考發展的有效途徑之一。

發問的功能，簡言之有以下幾項：

㈠導引學習的功能

學習的發生是從許多的刺激中，作選擇性的反應。

老師問問題，學生需要回答，他就必須要加以了解與熟習，這時他專心去聽、去想，於是作了有效的學習。因此，發問是一項足以改變學生學習行為的重要技術。

(二)導引學習的活動

老師提出問題，學生要在問題範圍裡思考，等於規範了學生的學習行為，從學習行為進而決定其學習內容，學生要思考問題是什麼？要如何回答，這種活動過程直接影響其學習成果。

(三)有助於擴展學習範圍

提問的直接功能，在促使學生對教材內容產生反應；間接的功能，則在探索教材以外的知識，擴展學習範圍。強調發問應能突破知識記憶水平，擴展到高層認知和思考的領域。

二、重視提問的技巧

提問的方法很多，有的老師只在有限的課文裡找題目，問一些答案就在課文裡的問題。例如，有些老師只問學生「是不是？」「好不好？」「對不對？」的問題。這些問題只是在訓練兒童的記憶，對於思考性的、擴充性的訓練不夠。要如何提問呢？下面幾個方法可作為參考：

(一)找出疑點，引起思索

即是由課文中找出可能產生矛盾的地方，讓學生思索以便解決問題。例如：〈易水送別〉（第十二冊），「燕太子送別荊軻改穿白衣會不會引起秦王的注意？」「荊軻向高漸離打個手勢，為什麼高漸離擊筑的音調會急轉成悲壯？」等等，從疑點而思索答案。

㈡由淺入深，連續追問

提問時，可以從淺顯的地方入手，再追問深奧的地方，使學習時容易有興趣，一旦簡易的學好後，再學難的地方就沒有問題了。追問的方法是一層一層往上思索。

例如：〈山上看風景〉（國語第五冊八十二年國立編譯館）

——爬過山的小朋友請舉手？

——本課作者爬過山嗎？你怎麼知道的？

——爬山有哪些好處？

——作者在山上向南看，認出哪些東西？

——如果從飛機上往下看，山水樹木會變成什麼樣子？

㈢側面提問，增加聯想

發問問題時，不要只從課文的表面找問題，或是問題的淺顯處提問，可以從文章內容的側面，或是問題的反面來發掘問題。

例如：〈三個獵人〉（國語第五冊）

——一個人獨自居住在深山裡，有什麼危險？

——三個人住在一起比一個人獨居好嗎？為什麼？

——他們三個人是怎麼聚在一起的？

——如果來了五個人，情況會怎麼樣？

——如果你跟朋友三個人一起住在山上，你會怎麼辦？

以上幾種方法都是屬於創造性的思考方式，用創造性的方法提問，目的在培養學生的思維能力。人才的特徵在富於創造的精

神和創造的能力。愛因斯坦說:「想像力比知識更重要,因為知識是有限的,而想像力概括著全世界上的一切,它推動著人們的進步,它是知識進化的源泉。」

三、歸納課文中心思想

中心思想就是作者寫一篇文章的目的。一般來說,歸納中心思想分成兩部分:前一部分是概括文章的主要內容,後一部分是認識這篇文章告訴了讀者什麼。概括文章的主要內容有兩種方法:一是把各段大意用簡單的句子連起來;一是提出問題來抓文章的主要內容。

歸納文章的中心思想可從四個方面來考慮:(1)題目就是中心思想;(2)關鍵句就是中心思想;(3)重點段就是中心思想;(4)綜合各段段意,抓文章主要內容,提煉歸納中心思想。

小學語文所學文章多以記敘文為主,其中有寫景文、狀物文、記事文,還有寫人物的文章、寫活動的文章。此外,有說明文、寓言、童話、詩歌等。歸納中心思想,應根據文章的內容,準確的理解作者的寫作意圖。例如:

「寫景文」:為寫景而寫景的文章是沒有的,作者透過對景物的描繪,終歸要表達出自己喜愛或憎恨的思想感情。

「狀物文」:不是寫動物的外型和習性,就是寫植物、物品的樣子和特點,作者透過「物」來表達自己的思想情感。

「記事文」:一般應具備六要素:如時間、地點、人物、起因、經過、結果。儘管可以用文字寫出一件事的來龍去脈,但大多數的記敘文是透過敘述事情經過來說明一個道理。

「寫人物的文章」：是透過寫人物的精神面貌，呈現人物的思想特質。

「說明文」：這種體裁的文章，主要是透過某種形式，說明某種事物？凡屬介紹性質的文章，都是說明文的範疇，如介紹動物的習性或植物的生長情形，以及傳授科學知識等。

「寓言」：是作者用假托的故事來寄託自己要說的話，或諷刺，或勸戒，或說明一個道理。中心思想就是要把作者寄託的旨意揭示出來，達到使讀者受到教育的目的。

「童話」：是作者透過豐富的想像、幻想和誇張來編寫適合於兒童欣賞的故事和新詩，使兒童從故事中受到教育或啟迪。

「詩歌」：分為古詩和新詩。大多是借景抒情或借物抒情，抓住「情」字就可以找到中心思想。

學習課文，能很快抓住中心思想，表示真正學會了課文內容。

————————• 肆
指導兒童探討問題的方法

當教師提出問題時，學生可以從以下方法來尋求答案：

一、演繹法

從課文的主題提出問題，依據題目層層剖析，由淺入深。多用「為什麼？如何做？」的問題方式，老師要不斷提問，用問題帶動學生思考。

二、歸納法

把課文內容的小段，歸納為大段，再從大段中歸納出重點。訓練學生做歸納總結的工作的方法可以讓兒童討論，然後把討論的結果做概括的整理，歸納以後並加以複述。

三、分析法

就一個問題以不同的角度做分析的工作。老師要多給予提示，從不同方向去思考。可用圖表的方式來幫助學生分析課文的內容或結構。

四、想像法

對一個問題做充分的想像，訓練學生擴大思考的空間。這是運用「假如」的問題去提示學生：「假使是你，你會怎麼樣？」「如果換一個方法會怎麼樣？」

五、分組討論法

內容深究是針對課文內容的知識性和技能性，做深入的探討，用分組討論的方法是很適合的。學生一方面可以充分發揮腦力激盪的作用，一方面可以訓練發表的能力，同時可以集思廣益，聽取同學的意見，來增強取材的內容。所以提出問題來分組討論是很好的方法。但是，做分組討論之前的預習工作很重要，要讓學生手上有資料才方便討論。

六、資料整理法

內容深究主要在探討課文內的思想、觀念和知識。探討問題，除了了解問題的癥結在哪裡之外，更重要的是如何去解決問題，這就要借助別人的經驗。資料整理就是從各類報章雜誌中，找尋資料，做處理問題的方法，將資料做分類整理是有意義的工作。它不但對課文內容有更深入的認識，而且對於寫作上更是有莫大的助益。

———————• 伍
朗讀的教學

一、朗讀的意義

(一)有助於語言的學習

　　白話文是一種「我手寫我口」的方式，朗讀不但可以幫助寫，還可以幫助說。就小學閱讀教學而言，無論是在理論方面或實施方面，民國初年開始使用白話文當教材以後，朗讀一直占著優勢。後來，則特別重視默讀，這種重視的轉變是受西方思潮之影響。國民小學課程標準有關讀書教學的部分曾提到：**朗讀和黙讀的分配，視課文性質由老師自行決定**。課程標準雖不明定朗讀教學的必要性，但是就學習效用說，低年級應百分九十的課文要朗讀，中、高年級則遞減。因為低年級是學習語言最重要的時期，朗讀可矯正兒童發音，幫助語言學習。而且朗讀可以讀出文章的美感和作者的情感。

(二)認識語言的節奏

　　國語的聲調有四聲，本身有高低的節奏，從朗讀中最能表現語言的節奏。而語言的節奏受三種影響而成的：

　　(1)**自然的節奏**：這受發音器官的影響。呼吸有一定的長度，在一口氣裡，我們所說出的字音也因而有限制；呼吸一起

一伏，每句話中各字音的長短輕重，也因而不能一律。念
一般毫無意義的文字，也不免帶幾分抑揚頓挫，這種節奏
完全由於生理的影響，與情感和理解都不相干。

(2) **形式的節奏**：即受理解的影響。當一句話的意義完成時，
聲音須停頓，意義有輕重起伏時，聲音也隨之有起伏。這
種起於理解的節奏為一切語言所公有，在散文中尤易見
出。

(3) **情感的影響**：情感有起伏，聲音也隨之有起伏；情感有
悲、喜、嗔、怒，聲音也隨之有往復迴旋；這種節奏使文
章優美而動人。

在語言節奏表現上，很重要而常被忽略的就是「停頓」，適
當的停頓是朗讀優美與否的重要條件。逗點、句點、問號間的停
頓要有區別。

㈢抒發讀者的情感

古人說：「讀《陳情表》不哭的人──不孝，讀《出師表》
不哭的人──不忠。」現代人如果用口語的方式去讀，則不容易
有感動而想哭的衝動，這並不是說現今的人都不忠、不孝，而是
過去的讀書方式是吟詠的，拉長了聲音去讀，一面讀，一面想，
不知不覺就走進了作者的心裡，自然自己就成了李密，成了諸葛
亮。所以把課文讀出聲音來，不但可以使自己專心，而且可以很
快進入作者的思想領域裡，使自己的情感也隨文章起伏。

㈣培養對文學的愛好

一篇好的文章，在文字上都是經過作者細心修飾過的，每一

個句子都是很美的，如果用有節奏的聲音讀出來，可以領略作者的文藝修養，更可以感受到文學之美。例如讀一個句子：

　　——在大風浪裡，我們的祈禱，不是求浪濤的平息，乃是祈求更多的勇氣與毅力，去克服這大風險。

就這句話，假使我們用平淡的語氣，每一個字都是等速度的去讀，就成了：

　　——在.大.風.浪.裡.我.們.的.祈.禱.不.是.求.浪.濤.的.平.息.乃.是.祈.求.更.多.的.勇.氣.與.毅.力.去.克.服.這.大.風.險.

這是讀不出文藝性的。如果換一種朗讀的方式，用有節奏的聲音讀出來，效果就大不相同了。例如：

　　——在.大風浪裡，我們的祈禱，不是求浪.濤.的.平.息，乃是祈求.更多的勇氣與毅力去克服這大風險。

由於朗讀可以增進讀者對文章的揣摩，和細細咀嚼玩味，自然可以使讀者喜歡文學的優美了。

二、指導朗讀的方法

(一)充分了解文意

一般朗讀指導都在內容深究之後，因為對作品有充分的了解，才可能投入作者的思維裡，才能揣摩作者寫作的心情和企

圖，這時也才能把課文用充滿情感的聲音讀出來。所以在朗讀前先要明白作品的主旨大意，了解作者何以用這些文字來寫他的心情，是用什麼結構方式把作品呈現出來，然後才用帶有情感的聲音讀課文。記得，是用**帶有情感的聲音讀出來**，而不是用很大的聲音來讀。

㈡明白句型結構

朗讀的基本要素在於音節，音節與音節的連結，而形成了節奏。所謂詩文節奏，則存在於兩方面：

(1)是句中各字平仄的運用，這是句式的問題。

(2)是篇中各式句子的排列，這是篇式的問題。

文章雖是一句一句的寫，但是句子是一串文字的組合。句子裡有主詞、動詞、形容詞、副詞、感歎詞等，它雖是組成了一個句子，但是在朗讀的語氣上卻要有分別，所以在朗讀前，必須要能夠分辨句子中的重要字詞，同時要知道句子中的哪些關鍵字要加重語氣，在句中的哪裡要略作停頓。例如：李白的〈靜夜思〉。

　床前 明月光，疑是 地上霜；
　舉頭 望 明月，低頭 思 故鄉。

這首詩中的「明月光」、「地上霜」要連著念，「望」和「思」要加強語氣，而且要略微拉長聲音。又如〈敕勒歌〉（國語第十一冊）。

　青海青，黃河黃。
　還有白浪 濤濤的金沙江。

雪皓皓，天蒼蒼。
　△　　　△
這兒是馳名的好牧場。
　　　　　△

(三)認識聲音的表現方法

朗讀最主要的表現方式就在「聲音」，要讓聲音有表情。聲音的表情要如何呈現，簡單的說就在：

(1)**聲音的輕重**：輕的聲音有美的感覺，如果慢而輕，再把聲音放低了，又帶有悲傷的感覺；聲音重則表示這個詞在句子中較為重要，而且有肯定堅強的意思。

(2)**語氣的強弱**：語氣的強弱使聲音有抑揚頓挫。語氣強則表示氣憤、專橫、恐懼等；聲音弱表示柔順、害怕、猶豫等。

(3)**音量的大小**：音量的大小，正是語言節奏的表現方法。音量大有宏偉之勢；聲音小可以吸引聽者專注傾聽。音量的大小使聲音富於變化。

(4)**音速的快慢**：聲音快，顯得急躁、緊張；聲音慢，顯得思考、疑惑。

朗讀時，揣摩了文章的內涵，注意聲音的輕重緩急，把握語氣的強弱快慢，就可以朗讀好一篇文章了。

(四)用符號標示朗讀的語氣，增加學習效果

朗讀的訓練除了可以從老師的範讀中學習之外，如果指導學生認識一些表示語氣的符號，然後在課文上畫上符號，讓學生跟著符號讀出抑揚頓挫的節奏，同樣可以把朗讀表現得好。

附　錄

朗讀指示符號及朗讀範例

朗讀指示符號	
・輕讀（弱）	──尾音拉長
○重讀（強）	Ｖ　注意對比
↖音調上揚	△△△△注意表情
↘音調下降	
換　氣　處	
──↑──連起來讀	、停頓
	（合）適宜合誦
～～～反覆	（獨）適宜獨誦
××××分段	
……連續輕讀	（疊）適宜疊誦
○○○○連續重讀	（輪）適宜輪誦
＜漸強	
＞漸弱	
──○──兩頭低、中間高	
○──○兩頭重、中間輕	
※　快	
◎　慢（慢聲）	

節錄自國語實小《國語科朗讀教材研究》。

朗讀範例（第五冊第二十二課）

夸父追太陽

國語實小研究教師　李萍玲

在我國古老的傳說裡，有一個夸父追太陽的故事。

夸父是巨人族裡的一個英雄。他有兩條長腿，很會跑。巨人族裡沒有一個人跑得過他。他很想做一件驚人的大事，來顯示自己的偉大。

一天下午，他提著大木棒，在野地裡打獵。他看見紅紅的太陽，想起有人說過，太陽跑得最快。他忽然起了野心，對自己說：「我要追太陽！我要讓大家知道，我跑得比太陽還快。」

這（ㄓㄜˋ）個野心很大的巨人，跑起來快得像一隻羚羊。他跑了一陣，抬頭看看太陽，太陽好像還是離他很遠。他心裡一

急，就使出所有的力氣，不顧死活的猛追下去。
※

不久以後，他跑不動了，喉嚨發乾，很想喝水，就在大河邊

停下來。他跪在河岸上，張開大嘴，一口氣把河水喝乾了，還是
　　　　　　　　　　　　　←　　　　　※※※　　　　　　◎◎

止不了渴。他想再到北方的大湖去喝，就扶著木棒站起來，可是
　　　　→

因爲力氣已經用盡，剛走幾步，就倒在地上死了。
　　　＞　　　　◎◎　　　＞　　　　＞　　　◎◎

許多年以後，那（ㄋㄟˋ）個地方出現了一片大樹林。傳說那

（ㄋㄟˋ）片樹林，就是從夸父的木棒上長出來的。

第七章

課文深究㈡

──形式深究的指導

在國語科教學裡，內容深究和形式深究是很重要的兩個課題。

內容深究是研究課文「是什麼？」和「爲什麼？」形式深究是研究課文「**怎麼寫的？**」和「**為什麼要這樣寫？**」

「怎麼寫？」是指作者寫作的方式，也就是文體和文章的結構，還包括取材和材料的安排。

「爲什麼要這樣寫？」指的是作者文章布局及修辭方法，也就是說，爲什麼作者要把重點放在某一段裡？爲什麼要加強描寫某一部分等等。

依據新修訂的課程標準，「讀書教材大綱」的內容包括：

(1)散文（記敍文、說明文、議論文等）。

(2)應用文（日記、書信、便條等）。

(3)韻文（兒歌、詩歌等）。

(4)小說、劇本。

(5)簡易文言文。

(6)國字的結構（字形的結合、部首、簡易造字理等）。

(7)簡易國語語法。

(8)工具書的認識及使用。

以上各類文體都會在新教材裡出現，國語課則在教學生認識各類文體及寫作方式。在教學中就稱爲「形式深究」，它包括以下幾個項目：(1)**深究課文文體**；(2)**深究課文結構**；(3)**深究句型與文法修辭**；(4)**深究詞義**。語文教師在讀書教學中，要教會這幾類的語文能力。

●壹
深究課文的體裁

　　一般我們把文章的文體分為「記敘文」、「說明文」、「議論文」、「描寫文」、「抒情文」、「應用文」等。其中應用文有它固定的格式；議論文要表現自己的意見；說明文要說明某件事物的外型和內容。記敘文則是敘述事情的起始經過和結果。不論任何文體都需運用描寫和抒情的技巧，同時也各有它的寫作要素，茲分別說明如下：

一、記敘文的特點

　　記敘文的六要素是：**時間、人物、地點、事件原因、事件經過、結局。**

　　記敘文的層次安排有以下幾種：

　　⑴以事情發展的時間先後順序為段落的安排。

　　⑵以事情發生地點的變換為段落的安排。

　　⑶以事件的不同性質為先後次序的安排。

　　記敘文的寫作方式有以下幾種：

　　⑴**順敘法**：以事情發生的前後順序來寫。

　　⑵**倒敘法**：先寫一件事情的結果，再向前去尋找事情的經過。

　　⑶**插敘法**：將事件一面往前發展，一面向後回憶，間插著運用。

二、說明文的特點

說明文的功能如下：

(1)**解說性**：把事物、事理解釋清楚。

(2)**客觀性**：不夾帶個人情感意見的色彩。

(3)**科學性**：揭示事物本質、規律。

(4)**知識性**：傳播知識。

說明文寫作的程序安排如下：

(1)先提出要說的對象（作扼要解釋或下一個定義）。

(2)具體介紹它的性質、特徵和功用等。

(3)收尾、結語。

說明文的表現方式有以下幾種：

(1)按空間位置和順序來說明。

(2)按事物發展、變化的過程或時間先後來說明。

(3)先總述一個概念，再分述它們的關係。

(4)依主要部分或次要部分的順序，或事情發展的主線再副線
　　來說明。

三、議論文的特點

議論文的三要素是：

(1)**論點**：對一個問題的見解主張。

(2)**論據**：找出證據證明你論點的事實與道理。

(3)**論證**：證明你論點的方法，一般用歸納法、分析法或喻證
法。

議論文寫作的程序安排如下：

(1)**提出問題**：把議論的主題提出來。

(2)**分析問題**：針對問題，提出自己的論點，找出論據，然後
思考用分析法或歸納法找出論證來解決問題。

(3)**解決問題**：將自己歸納出的結論做為解決問題的方法。

───────● 貳
深究課文的結構

表達思想的基本能力在使用字、詞、句，但是要寫出一篇文
章，則要運用文章的結構和組織方法。只有充分了解課文的寫作
方式，才能使文章寫作條理分明，敘述清晰。在深究課文時，對
於文章的寫作方式可以用分析法、歸納法加以詳細說明。

一、分析法

分析法就是把課文加以解剖，分析文章的結構，如〈敕勒
歌〉它是一篇說明文，全課在說明這首歌的來源，以及這首歌所

表現的意義。我們可以用表解的方法說明說明文的寫作方式。

〈敕勒歌〉
- 產生的地方……第一段
- 發生的時代……第二段
- 作者的背景……第三段
- 寫這首歌的經過……第四段
- 這首歌的特色……第五段

　　由這一課，就可學會說明文的寫作方式，如：說明時間、地點、人物、過程、特色。讓學生模仿這一課，試寫說明文，學生可以有一個參考的對象，寫作起來可就輕鬆多了。

　　〈回鄉偶書〉（第六冊）也是說明文，說明賀知章寫這首詩的情境和取材的範圍。然而他寫作的方式與〈敕勒歌〉有所不同。教學時能將它們分析說明，並且加以比較，學生就容易掌握說明文應該具備的條件了。

　　又如〈阿里山看日出〉（第八冊）一課，寫阿里山日出的情景，以描寫方式表現，學習這一課可以加強學生寫作描寫文的技巧。這篇文章共有六段，第四、五段描寫日出景象，是全課的重心，我們可以用分析法使這兩段更明顯。

　　阿里山日出的景象先是用「看的」，看見日出時色彩的變化，作者用了許多的文字，描寫日出時的色彩變化，一層一層的把景象的變化細膩的描述，再用想像和所見結合在一起。

　　又如〈模仿貓〉它是一篇寓言故事，在寫作上條理明晰，是很值得討論的文章。

　　它先寫：有一隻喜歡模仿他人的動物，牠叫模仿貓。

　　再寫：模仿貓愛模仿的其他動物有哪些。

模仿動物	模仿特性	爲什麼要模仿	結果如何
模仿大公雞	叫聲	因爲公雞是金嗓子	被笑大傻瓜
模仿小白羊	被剪毛的樣子	因爲羊有潔白的羊毛	被農人推開
模仿小白鵝	在水裡游泳	因爲鵝游泳輕鬆自在	掉進水裡
模仿小鳥	在樹上飛翔	因爲不服氣	摔在地上
模仿大樹	挺直站立	因爲強壯而不憂愁	累死了

最後寫： 模仿貓聽到其他動物對他的讚美，而找回了信心。

聽見大白鵝說模仿貓的黑毛很好。

聽見大公雞說模仿貓態度文雅。

聽見農場主人說需要模仿貓來趕老鼠。

　　目前國小課文有一百多種的開頭方式，如果老師在分析課文結構時，多用心在這個部分，相信對學生寫作文一定有很大的幫助。

二、歸納法

　　用歸納法簡化段落，則更容易了解文章的寫作方式。也就是不論課文有多少段，都把它分成三大段。即**先說什麼？再說什麼？後說什麼？**或用**起、承、轉、合**的方式歸納課文結構。

　　如〈燕子口〉（國語第八冊第五課）文分五段。

先說： （第一段）有幾個人一同去旅遊？到哪個地方？如何去法？

再說： （第二、三、四段）到了燕子口所看到的景象，此處細膩描寫景象，側重描寫的手法。

後說： （第五段）說明這次旅遊的心情和結語。

　　又如〈發明火車的人〉（國語第八冊第二課）這一課共有四段，它的寫作方式正合於起、承、轉、合的寫作方式，第一段寫史蒂文生小時候的生活情形和他的志向，這是「**起**」。第二段寫史蒂文生到礦場當蒸氣機工人的經過。承上段寫他長大後，當了蒸氣機火夫，這是「**承**」。第三段寫史蒂文生修理蒸氣機的情形。寫他修理蒸氣機的情形，此處為「**轉**」。第四段寫史蒂文生發明火車的過程。他研究成功，發明了蒸氣機，此處為「**合**」。

　　這一課的寫作方式是很典型的記敘文寫作範本，時間上從小寫到大，在事情上從立志到成功。這種直述法就可以讓學生去學習。學生由課文中學習各種寫作的方法，將來在寫作上就可以有更多的變化。

　　另外在分析課文時也可以作一個圖表來講解，例如第十二冊〈新的意義〉：

1. 用設問點出主題
　　你看過……嗎？
　　你吃過……嗎？
　　你讀過……嗎？

2. 呼應承接前文：任何事不會憑空出現，它會有一個開始。

3. 條列「新」的意義
　　新是舊的延續。
　　新是舊的發揚光大。
　　新是第一次接觸。
　　新是另一個開始。
　　新是最近的。
　　新是幼稚的。
　　新是罕見的。
　　新是加入一種進的力量。

4. 深入探討「新」的道理
- 肯用新的眼光去觀察。
- 肯用新的心情去體會，到處都是新的事物。
- 肯用新的頭腦去想像。

5. 結語：人要不斷嘗試新的創作。

　　深究課文形式不但可以對課文作進一步深入的認識，同時有助於作文的學習，所以它是國語教學中很重要的一環，語文教師要充分把握這一個環節。

──────●　叁

深究句子與文法修辭

　　句子是字詞的結合，是表示完整意思的基本單位，也是作文的基本條件。句子運用正確，等於具備了寫作的能力。

　　在國語教學深究課文形式的部分，對於課文中的句型都要提出來分析討論，試著去造句，或者接句、替換句子、換句說話、長句縮短、短句變長等，這些句型只有多去練習，對於句子的變化有所認識，並且熟練造句，那麼，造起句子就可以隨心所欲了。

　　例如國語第十冊有：「以……為主，不以……為限」的句型；有「不但……還要……以免」的句型，這些句型都需要加強練習。

目前這方面的訓練，在「習作」中不斷出現。如果老師們在指導語句練習時，能使句子內容多樣變化，如此，學生在學習上，就有更多的發揮空間，將來在寫作運用上，也可以有寬廣的取材範圍。

例如：換句說話、長句縮短、短句變長、照樣造句、填詞造句……練習這些句子時，首先要抓關鍵字，如：

換句說話：⑴* 是<u>李</u>老師幫我寄到報社去的。

　　　　　　*（誰）寄到（地方）的是（什麼東西）。

照樣造句：⑵現在殺蟲有藥水，不必再用雄黃了。

　　　　　　現在（做事）有（新工具），不必再用（舊工具）了。

要教學句子，首先能抓住句子的主詞和主要動詞，知道是「誰」（**主詞**）「做」（**動詞**）了什麼事（**補語**）。

其次，要充分了解句子，最好的方法是結合上下文來閱讀，句子不是孤立學習的，是要和上下文連接來體會它的實際情境加以揣摩的。例如：「他把一個堅定的信念刻在心裡」，就這個句子是不易十分了解的，必須知道信念是什麼？刻在心裡的「刻」作何解釋，才能明白句子的真正意思。

此外，句型的改變可能對句子所表達的意思會有出入，這在教學中不可不詳加說明。例如：「我不了解這個情況」和「這個情況我不了解」之間是有所差別的，它們所強調的重點不同。又如：「我們請他來」和「他來請我們」之間的意義也是不同的。這些語序的改變，使句子的意思有了很大的變化。這些都是深究課文形式時的重要工作。

除了學習造句的方法，在練習句型、學習造句的同時，一定

要練習標點的運用，因為除了一些簡句，大部分的句子是需要用標點符號把它們分開，或用標點符號來分別句子的主從關係。例如：「我知道他，也了解你」和「我知道，他也了解你」之間就有很大的差別，又如「下雨天，留客天……」之類的故事更是不勝枚舉。所以在深究課文形式、教學句子的同時，對標點符號的運用也要多做練習，將來寫作時就可以避免許多的錯誤了。

肆
深究詞義

一、詞的組合方式

「詞」是最小的，能獨立使用的，而且有意義的語言單位。

「詞」的分類有「單音詞」、「複音詞」、「多音詞」三類。認識組詞的方式，可以更容易學好語詞。

㈠單音詞

由一個字，也就是一個語素構成的詞，像：人、車、鳥、象、馬等。一個字就可以表示完整的概念，這就叫單音詞。

㈡複音詞

也可以稱為「複合詞」、「合義複詞文」。它的組成方式很

多類，粗分為以下四種：

1. 附加式複詞

就是加「詞頭」（如：「大」象、「老」師、「小」鳥）或是加「詞尾」（如：帽「子」、石「頭」、嘴「巴」）的詞。

2. 組合式複詞（主從關係）

由兩個字（語素）組合而成的，組合方式是一個字修飾另一個字。例如：紅花（紅色的花）、火車（火力發動的車）、文壇（文學的領域）、雪白（像雪一樣的白）、出席（出現在席位上）、進步（向前進了一步）、司機（司掌機器）、評價（評論價值）等。

3. 聯合式複詞（平行關係）

由意義相同、相近、相反或相對的語素組合而成的詞。兩個字的關係是平等的。例如：語言、國家、動靜、長短、虛實、深淺等。

4. 結合式複詞（造句關係）

就是由兩字組合以後，和原來的字意有很大的變化，它失去了原來兩個字的慣用字義。例如：革命、按照、文言、介紹、將就、從容、先烈、假借等。

二、詞的教學法

㈠充分了解詞義

詞的意義最常見的有以下幾種現象：

1. 一詞一義

如「鞋」、「上海」等，每個詞只表示一個意義。又如：「疲憊不堪」不論用在什麼地方都表示極度疲勞的意義。

2. 一詞多義

有的詞有幾個意義，在不同的句子中意義也不同，這是我們讀書時常見的一種現象。例如：「熟」字。

(1)飯熟了。（食物燒到可以吃的程度）

(2)他是他很熟的朋友。（常往來的）

(3)他對這種技藝很熟。（功夫深，做起不費力）

又如：「深」字。

(1)河水深。（指水的深度）

(2)顏色深。（指顏色用的濃淡）

(3)深情厚意。（形容情感的厚實）

(4)意味深長。（形容長的）

3. 比喻義

有的詞除了本來的意義之外，還有打比方的意義。例如：

(1)跨海大橋的橋樑是鋼筋做成的。

(2)集郵是他們友誼的橋樑。

上面第一句裡的橋樑是指「在兩岸之間搭成的橫跨水面的建築物」，指真的橋樑；第二句的橋樑並不是指真的橋樑，而是指「架起溝通兩方關係的媒介」像橋樑，是一種比喻。又如：「徐娘半老，風韻猶存」，它雖是說：上了年紀仍美好嬌媚，但是它的本意是指色衰的歌妓，那麼，就不能用它來形容自己的母親了。如果知道了「音容宛在」是在說明對死者的懷念，就不會有人說：「好久不見，瞧你還是音容宛在」。

(二)運用查字典、詞典的方法

我們對於意思較模糊或是難以理解的詞，就要運用字典、詞典這些工具書去解決困難。尤其常用詞裡有一些引申義，如果不知出處和使用習慣，光憑字面意義是容易弄錯的。教學勤查字典，是學習語詞的好方法。

(三)結合上下文理解詞義的方法

學習語文，光靠死記詞在詞典中的解釋是不夠的，只有結合具體的語言環境進行理解，才能準確掌握詞語在文章中的意義。

對於多義詞（包括比喻義的詞）和古今意義有變化的詞，更要結合上下文來理解，因為這些詞是在不同的語言環境中，常表現出它不同的意義。

看看下面每組裡括號內的詞義有何不同？

——為了看（日）出，我常常早起。

一（日）是二十四小時。

工人們夜以繼（日）的工作。

——周瑜調（兵）遣將，駐在赤壁。

邊防軍戰士和越軍在一條小道上相遇，雙方短（兵）相接，

刀光劍影。

(四)辨析同義詞

同義詞的詞義並不是絕對的相同，都有細微的差別，運用時要仔細分辨。如何分辨呢？有些同義詞意義完全相同，可以互相

代替。例如：母親＝媽媽；繼續＝陸續；簡樸＝樸素。

　　──吃過早飯，「媽媽」就去上班了。（母親）
　　──這消息「馬上」就傳開了。（立刻）

　　但有許多同義詞之間有細微差別，要認真辨析，才不致於混用。我們在遣詞造句中，常出現用詞不當的毛病，常是混用同義詞造成的。好像：「開幕」、「開始」、「奠基」、「肇始」、「起初」等，都有「開始」的意思，但是在用法上仍有差別，要細細分辨，用詞才能恰當。

　　一般詞彙常包括文字上容易了解的意義，和文字內的另一層意義，我們必須同時認識這兩種意義，才能算是完全了解詞義，在運用上才不會鬧笑話。例如：

　　「小人」，指身體矮小的人；同時也指行為卑鄙的人。
　　「矛盾」，指矛和盾；也指事情的不合理。
　　「語言」，指說話；也表示思想或傳達的訊息。

　　此外，運用語詞容易混淆的語詞練習造句，也可以練習句型的運用，避免用錯句子。例如：「不僅」、「僅僅」之間的差別，「認識」和「體認」的不同，「報答」和「報應」之間的差異，我們都可以用它們來造句，來練習運用，才能正確運用字詞，如此，不但豐富了作文的語詞，而且可以更正確地運用文字。

　　至於「秦樓楚館」、「罄竹難書」等，都有它的特別意義，必須要完全了解，才能正確的運用這些詞語。而且學會了豐富的詞彙，可以使文章富於變化，而且可以更正確的表達思想。

(五)掌握單位詞的習慣用法

單位詞就是量詞,在中國文法上是很特別的。由於人們的習慣性,在單位詞上有它固定的用法,雖然單位詞用錯了,在語言的表達上,也許仍然可以達到傳遞的功效,但總是聽起來有很不舒服的感覺。我們說「一張紙」、「一碇墨」、「住一宿」、「歌一曲」、「一方硯」、「兩雙筷子」、「三頭牛」、「五件衣服」、「十匹布」、「一條馬路」……,學生對這些單位詞能充分了解,對於寫作及語言的表達,才可以更精確而明白。

第八章

課外閱讀指導

壹

課外閱讀教學的範圍

依據新課程標準，課外閱讀的指導包括以下四點：

(1)培養閱讀的興趣。

(2)閱讀各種書籍。

(3)圖書館的利用。

(4)培養寫筆記及讀後感的習慣。

貳

課外閱讀指導的任務

知識源自於閱讀，培養閱讀能力是國語科重要的工作，要培養閱讀能力必須靠多讀、熟讀和博覽。國語教學除了教好課內的文章之外，還要指導課外的閱讀，讓學生在閱讀中學習各種知識，並增進作文能力。

課外閱讀指導教師有以下幾點任務：

一、老師要選擇適合學生閱讀的書籍

兒童的閱讀能力不高，知識不夠，鑑別能力差，無法選擇有益的書來閱讀。老師則要根據學生閱讀能力、思考能力以及學生對各類書籍的喜愛情況，幫學生選擇適合的兒童讀物。在選擇讀物時還要注意，讀物的中心思想是否健康，內容是否與課文內容相關，此外體裁要多樣，題材要廣泛，如此有計畫的為兒童選擇好書，兒童的學習一定可以事半而功倍。

二、要把課外閱讀和課內教學結合起來

學生一學期上的課數有限，學生必須利用課外閱讀來補充學習上的不足，當老師在指導兒童課外閱讀時，能兼顧課內與課外的結合，兒童可以把課內的學習轉移到課外，不但可以增強課內的學習，達到互補的作用，而且不必花太多時間去指導兒童的課外閱讀。

三、把課外閱讀與作文教學密切結合

要把作文寫好，必須在平時累積許多寫作的材料，而閱讀可以累積作文的材料。在指導閱讀的時候，可以要學生將文中重要的句子寫下，或是寫出文章的寫作方法。例如：文章內容是「先說什麼？」「再說什麼？」「後說什麼？」的方式，讓學生明瞭文章的結構。其次，當學生閱讀之後，能學以致用，模仿所閱讀

的文章，以仿作的方式學習寫一篇作文。如此，學生對閱讀可以加深印象，同時也可以提高作文能力。

四、在課外閱讀中培養兒童的自學能力

　　培養兒童的自學能力是國語教學中很重要的工作，也是必要的工作，學生有自己學習的興趣，又懂得自己學習的方法，他就可以不斷的充實自己，不斷的累積知識了。所以老師在指導課外閱讀時，要培養學生掌握運用工具書的能力，知道各類字典、詞典的特色和運用法。而且要培養學生把握重點，和分析問題的能力。

　　以上四點是指導課外閱讀時必須要去做的事情，如此才能達到閱讀教學的目的。

---• 叁
各種文體的閱讀方法

一、記敘文的閱讀法

　　記敘文是平常最常見的文體，舉凡記人、敘事、寫景都是用記敘文來寫，甚至說明文也有許多以記敘文的方式來書寫的。

　　(1)寫「人」的記敘文，要把握「這個人」的時代背景、外在

形象特徵、內在心理特點；然後要能看到人在書中所發生
的故事。

(2)寫「事」的記敘文，則要能把握事情發生的時間、地點、
事件中的人物、事情發生的原因、事情發生的經過，以及
事情的結果。

(3)寫「景」的記敘文在平時文章中用的很多，如果屬寫景則
可能流於描寫文，如果寫景是以遊記的方式寫作則成了遊
記。國語課文中遊記的記敘文很常出現，例如：〈一起去
郊遊〉、〈燕子口〉、〈去看高速公路〉、〈到娃娃谷〉、〈小人
國遊記〉等。

記敘文是以敘事為主，但寫事時，有時側重「寫景」，有的
側重「寫人」。

(一)寫景的閱讀法

1. 明瞭遊玩的地方

閱讀遊記作品，首先要知道去哪裡玩，因為這是貫穿遊記全
文的線索。理清遊蹤則是了解作者的遊覽路線，好像在觀賞展示
在眼前的畫卷，它是分析遊記結構、布局的一個關鍵。因而理清
遊蹤非常重要。

2. 觀賞遊記中的景象

遊記即作者經過選材和剪裁，展現於讀者面前的最精美的景
物風貌。我們閱讀遊記就要隨著作者的導遊，去欣賞自然風光之
美，去把握景物特徵。

3. 把握作者的遊後感想

作者透過敏銳的觀察力，對自然景象產生了特殊的感受，於

是抒發出作者豐富的情感。閱讀遊記要透過內容，努力把握作者的情緒、感情及其社會意義，跟隨作者去感受大自然的風貌。這是閱讀遊記的要點之一。

4. 欣賞作者書寫的語言

語言是作者藉以記述自然景觀，抒發個人情感的文字體裁。閱讀遊記，還要努力欣賞他所用的語言，認真體會作者運用語言的方法和駕馭語詞的技巧。

(二)寫人的閱讀法

閱讀人物傳記應達到下列閱讀目標：
(1)了解傳記人物所處的時代背景。
(2)了解傳記人物所處的環境狀況。
(3)把握傳記人物性格的形成及發展。
(4)了解傳記人物一生的事件。
(5)了解作者對傳記人物的褒貶態度。

傳記有自傳和別傳。自傳是以第一人稱來寫的，它像是一種回憶錄的寫作方式。閱讀者就應該沿著敘事主人翁的思路去了解謀篇技巧，從語言的運用上去把握表現方法，透過閱讀去探索、品味作者的文學風格和創作個性，藉以豐富自己的閱讀體驗，增強審美情趣，提高寫作技巧。

任何文章都不乏主觀色彩，自傳的主觀色彩在各類文字中更加明顯。作者的褒貶態度溢於言表，儘管「實事求是」是各類文章，特別是回憶錄的「生命線」，但是讀者在閱讀時，仍需站在客觀的立場上「正本清源」。記人為主的記敘文並非人物傳記，往往只記敘憶像人物的一個側面或幾個片段，所以讀寫人的文章

時，不妨用透視閱讀法去一窺作者的全貌。

二、說明文的閱讀法

　　說明文是以說明為主要的表達方式，用來解說事物，闡明事理，給人以知識的文章。它通過對實體的解說，或對抽象事理的闡釋，使人物對事物的形態、構造、種類、成因、功能、關係，說明的對象是什麼？主要內容是什麼？事物的特徵是什麼？文中有沒有概括出事物特徵的中心語句。其次要理清文章安排的說明順序、時間順序，還有邏輯順序，掌握了文章的說明順序，也就掌握了文章的結構。再者要分析文章中選用了哪些說明方法，為什麼選用這些說明方法，而不選用其他說明方法，這些說明方法把事物的特徵說明清楚了沒有。然後要認真體會說明語言是否準確、簡明或周密的特點，體會它是如何反映說明文應具備的科學性這一特性的。

三、詩歌的閱讀法

　　詩，是詩人豐富的想像和感情的結晶。作者常常以直接抒情的方式，透過最精練而又有音樂美的語言，塑造藝術形象，高度的反映情感生活的文學樣式。

　　詩歌有各種不同的分類，從體材內容來看，可分為抒情詩、敘事詩、哲理詩；從形式韻律看，可分為格律體、自由體、民歌體等；從時間的先後看，可分為古體詩、近體詩和新詩等。

　　閱讀詩歌可從以下幾個方面下手：

(一)把握詩歌的節奏感

詩歌最大的特色，就在於它強烈而鮮明的節奏感。不同的詩，往往可以讀出不同的節奏，或剛或柔，或快或慢，或輕或重等。詩歌的這種不同的節奏，首先和詩歌感情的強烈程度密切相關。

(二)體會詩歌語言的音樂美

詩歌以反映現實生活為主，以強烈的抒情為其生命。詩歌語言不盡極度凝練，而且富於音樂性。《尚書》說：「詩言志，歌永言，聲依永，律和聲。」「情發於聲，聲成文，謂之音。」（〈毛詩大序〉）和諧的韻律，鮮明的節奏，往往會使人讀起來琅琅上口，抑揚頓挫，鏗鏘有力，富有音樂美。

(三)了解詩歌的結構和修辭技巧

詩歌的種類很多，古體、近體、五言、七言、長短句、現代詩等，不同的體裁有不同的表現技法，明瞭各種詩歌的體裁有助於對詩歌的閱讀。其次，詩歌之所以優美，關鍵在於作者能熟練的運用修辭技巧，借他物而言心中之事，詠自然而抒一己之情。作者常運用了擬人、誇張、雙關、摹狀、比興、隱喻等方法來抒情表意。再加上不可少的象徵性，構成了詩的張力和情感的多樣，它用暗示性的、啟發性的方法引導人們的思維，所以耐讀，而且具有更深層的人生意義和哲學意味。

(四)體會詩歌的意境

　　詩人寫詩，首先注意「意境」的開拓。我們在品評一首詩時，往往也是從意境入手。意境是詩人的主觀感情與情緒，和客觀外界的環境巧妙而和諧的結合。意境有大有小，讀詩時善於去揣摩詩人的情感可以感受到更多的閱讀快樂。

四、小說的閱讀法

　　小學生到了五、六年級，開始接觸小說，因為小說是趣味的、複雜的，故事情節的曲折變化，更能引起兒童的好奇心。加上小說的類別很多，愛情的、科幻的、偵探的、歷史的……都深深吸引著大孩子。

　　小說是一種以敘述生活故事塑造人物形象為主的文學體裁。它不僅要生動完整的敘述故事情節，而且要多方面的刻畫人物性格，還要充分地展現人物活動的環境。因此，小說的閱讀具有如下的審美特徵：

(一)客觀敘述性

　　小說有第一人稱，有第三人稱的寫作方式，它是一種敘事文學，透過以敘述人的口吻說明外界事物，來達到塑造人物和反映生活的目的。

(二)有人物、環境、情節的交融性

　　在小說中，作者敘述的主體是人，而人是生活在不同的歷史

背景、社會集團和自然環境中的，他們有著不同的生活閱歷、文化敎養、階級屬性等，於是必然會同周圍的人和環境發生種種關係；或和睦相處，或矛盾衝突，這就形成了故事情節。

(三)題材有豐富的變異性

小說這種藝術幾乎不受時空的限制，可以多方面、多層次的反映生活。它既可以雕飾現實中的細節，也可以再現過去與未來千百年間的曲折故事，這些內容還可以交錯出現，任意揮灑。

小說要如何來閱讀？其實小說多半是說故事，只要文字通俗是很受歡迎的，但是一旦人物太多，或是小說中人物之間的關係弄不清楚，讀者就會一頭霧水，也就看不下去了。那麼要如何讀小說，我們可以用以下兩種方法來破除障礙：一是「綱張目舉」的方法，就是把小說中的人物用一個圖表顯示出來，閱讀的時候可以很快的知道他們之間的關係，對於故事的了解可以更快一些。尤其是一些小說中的人物很多很複雜時，像讀《紅樓夢》、《三國演義》等。

教學生讀小說時，要同時敎他「追問思考」的方法，也就是一邊讀，一邊思考，一邊提出疑問，例如：他們為什麼會這樣？為什麼會造成這種結局？這樣的行為合理嗎？……這樣的閱讀方法，可以很快的明白小說中的內容，也可以提起讀小說的興趣。

━━━━━━━━━• 肆
課外閱讀的指導原則

　　兒童課外閱讀的數量和質量跟國語能力的關係很大，良好的課外閱讀興趣是需要慢慢培養的。要讓學生對課外讀物能專心的讀、持久的讀和有效的讀，需要把握以下三項原則：

一、注意讀物的適用性

　　課外讀物的選擇應充分考慮到兒童的興趣和年齡。課外閱讀要「寓教於樂」，先要樂於讀書，才有可能從書中受到裨益。例如：對於三、四年級學生就要推薦他們讀簡單的故事、文學作品，促成他們的閱讀興趣。如男生喜歡讀科學的、神怪的故事；女生喜歡讀感性的、柔性的讀物。替兒童選擇書刊，除了注意書的易讀性，還要注意他們的年齡和性別。

二、加強閱讀的目的性

　　課外閱讀既然是閱讀教學的一個組成部分，就應該是有教育目的，而不是漫無目標，亂抓一把。從學生閱讀的目的來說，他們需要消遣性的文章，但更重要的是知識性的作品，教師選擇圖書可以朝以下幾方面著手：

(一)累積性閱讀

累積知識是閱讀的重要目標，老師要指導兒童循序漸進的閱讀，由淺而深，以趣味導向到思考導向的書籍。

(二)理解性閱讀

上課時兒童可能會發現許多好奇的事物，讓兒童去閱讀幫助理解的書籍，可以增加知識及自學能力。

(三)鑑賞性閱讀

培養鑑賞性閱讀可以增進審美能力，是人生中很重要的課題。介紹可以增進鑑賞能力的書給兒童閱讀，可以提高他們的生活品質。例如：《故宮的寶物》、《畢卡索的畫》、《中國的書藝》、《走向大自然》等。

(四)消遣性閱讀

有時兒童也希望從書中得到一些快樂和趣味，有趣的文章或是漫畫書之類，或是猜謎語、填字遊戲等，只要無害於身心的，都可以介紹給兒童閱讀。

三、指導閱讀的自主性

課外閱讀與課堂教學相比，更有賴學生自己的積極性、主動性的發揮。在課外閱讀中，教師主要的工作是激起學生閱讀的興趣、指導閱讀的方法、檢查閱讀的效果。教師為了激發學生閱讀

的自主性，可以利用比賽及獎勵的方法達到目的。例如：叫學生把每週看的書寫下來。

• 伍
如何上課外閱讀指導課

課外閱讀雖不是一種專門課程，只是國語教學的一部分，但是老師若能運用有效的方法教學，也可以收到事半功倍的效果，以下幾個方法可供參考：

一、讀物介紹

上國語課時，說明為什麼要介紹這本書給他們閱讀，這本書的「好」在哪裡。可以先簡要地介紹書中的內容。有時也可以朗讀書中精彩的片段，以引起學生閱讀的興趣；然後說明閱讀這本書的要求、方法和注意事項。

二、共同閱讀

在閱讀指導課裡，老師可以讓每個學生都讀同樣的讀物，教師將所要閱讀的教材先進行簡單的講述，然後全體學生開始閱讀。讀完後根據所讀文章的內容進行討論。討論的範圍包括主要

情節、主要人物及對人物的評價、作品的中心思想、自己的感受等。

三、讀後講述

　　在學生讀完書後，讓學生用自己的話敘述讀物內容；或是和學生一起討論書中的情形，我們可以從以下幾個方面去思考：

　　(1)給文章立一個標題。

　　(2)用斜線劃分文章的層次。

　　(3)分析文章的特點、選材的方向、布局的技巧。

　　(4)認識文章的語言表達方式和運用。

　　(5)一起來填表或寫讀後心得以加深印象。例如：

地點	人物	時間	事件原因	事件經過	事件結局

四、討論讀物內容

　　在全班學生讀過某本書後，讓學生分組討論。討論範圍可以是作品的中心思想、人物評價，也可以是一個情節或一個問題。例如：

——我喜歡書中的○○人物，因爲他有○○特色。

——我覺得作者描寫○○描寫得非常成功，因爲……。

——我最喜歡作者描寫○○，因爲我覺得作者用○○的文字最能表現○○。

——假如我是書中的主角，我會……。

——我看完了整篇故事之後，我最想說的是……。

——假如要我寫這個故事，我會讓○○當主角，因爲我覺得這樣更能表現……。

——作者寫本書要告訴讀者○○道理。

五、閱讀評介指導

高年級學生讀完一本書後，可以練習寫書籍評介，一方面簡單地介紹書的內容，一方面寫出對這本書的意見或讀後感。例如設計一張文章的評鑑分析表，讓學生將學過的文章加以分析比較。比較的方式可以用文字敘述，也可以用數字表示。

評分項目＼名稱	書名（一）	書名（二）	書名（三）
(1)文章的修辭技巧（文字的使用）			
(2)主題表達的清晰度			

(3)使讀者產生聯想的程度			
(4)使讀者獲得啓示的程度			
(5)文章的氣勢是否能感動讀者			
(6)內容的趣味性			
合　　計			

六、剪報整理

　　中年級開始指導學生利用星期假日在家剪報，將剪報貼在圖畫紙中，可以在圖畫紙上畫圖，或是將報中的優美句子用紅筆畫上線條，然後把畫好的佳句抄在空白處，或者寫讀後感。老師可以把做得比較好的作品張貼在布告欄讓大家觀摩，或是讀給大家聽。

──────────● 陸

如何寫筆記和讀書報告

　　指導兒童寫筆記是課外閱讀教學中很重要的工作，因為筆記

可以累積資料，豐富詞彙，鍛鍊文筆，還可以方便查閱。

　　一般的筆記有讀書筆記、參觀筆記、聽講筆記、觀賞筆記等。讀書筆記是最常用的，對兒童來說比較簡單的方法是，抄下文章中好的句子，或是寫出讀後感。通常學生記筆記都是寫在一本筆記本裡，我們也可以指導學生寫在卡片上，以後方便分類和整理。例如：

書　　　名：	作　　者：
出版年月：	出版書局：
內容大意：	
讀後心得：	
優美詞句：	
備註或疑難問題：	

附　錄 I
一本好書的標準

一、在文字方面

要求流暢、活潑、簡潔，並且以孩子的語彙表達意念。

二、在內容方面

1. 有創意，能啓發孩子的心智。
2. 趣味化，能吸引孩子。
3. 富有想像力，能引發孩子更多的聯想。
4. 能提供孩子思考的機會，並培養正確的思考模式。
5. 情節生動、感人，隱含啓示，並傳達美感。
6. 理性的讀物要正確、實在，並能掌握時代的脈動，給孩子適當的智慧養料；感性的讀物要優美、真情，成爲充實其心靈的糧食。
7. 和生活結合，能應用在實際生活。

三、在印刷及編輯方面

1. 要樸實、精緻、清晰、優美，培養孩子的美感。
2. 編排清爽悅目。
3. 圖片要輔助孩子的認知及培養孩子的藝術氣質。

四、從心理學的觀點看

1. 能滋潤孩子的心靈。
2. 能培養孩子豐富及敏銳的感情。
3. 能培養孩子心中充滿愛，以愛創造未來，能愛自己、愛他人、愛這片大地。
4. 能富有教育意義，從書中獲得啓發。
5. 能帶給兒童豐富的想像力，啓迪美感。

五、在兒童看完一本書後，有向他人陳述書中內容的意願

一本好書的條件除了要有以上的標準之外，還要在一個人看完之後，有一種想把好東西和好朋友分享的衝動。因爲好書令人玩味、有趣。

一本優良的讀物應具有某些文字、圖畫、編排及裝訂上的特質，不但能吸引小孩，也能吸引大人。好的讀物，應該由小孩、大人一起探討其優劣。

附 錄 II

談兒童的閱讀與作文

　　一本好的兒童讀物直接影響兒童身心的發展，因為一本書的功用在：

一、啟發智慧

　　不論是一首童詩，一篇童話，一則推理故事，都是經過作家求證與整理的作品，不論它是文藝性的或是自然科學的，無不是經過精細的觀察，親身的體驗，再用細膩的筆觸把它表達出來，所以即使一篇不可思議的科學推理作品也必然是合情合理的，因此兒童讀物不但直接的灌輸兒童知識，間接的還啟發兒童的思考和推理。

二、提高作文能力

　　一般來說，兒童文學作家其寫作技巧應高出一般的作家，因為他不但要具備一般作家對文字運用、思想表達的修養，他還要用童心，用孩子能了解的文字來寫兒童讀物，所以兒童看完一本書後，不但了解書中的內容，同時也潛移默化，學習到了寫作的技巧和文字的運用。

三、正確的利用休閒時間

孩子們都喜歡聽故事，喜歡認識新奇的事物。有趣的兒童讀物可以使孩子安心的待在家裡，無形中約束了他在外撒野好動的個性，也減少了一些偶發的事件。

基於課外讀物對兒童身心發展有這許多功用，指導兒童閱讀是做家長及小學教師應負的責任。

指導兒童閱讀不是一件容易的事，首先本身必須具備閱讀的修養，也就是在看完一本書以後，能了解文章精彩的部分在哪裡？爲什麼好？對這些好處不但要領會還要能說明，如此，兒童才能藉教師的指導而深入的認識作品。

就寫作的歷程來說，也必須懂得欣賞，才能學習寫作，所以指導閱讀是學習作文的先決條件。

至於指導學生閱讀的方法，首先是告訴他們讀這本書應注意哪些地方？當學生讀完以後，則要告訴他們：

——這本書好在哪裡？

——作者爲什麼用這種方式來表達？

——如果換一種方法來寫，會是怎樣的情形？

——作者表示一種感情或一個思想爲什麼用這些字句和成語？如果換其他的字句或成語來表達，會是怎樣的情形？

諸如此類的問題可以提出來與兒童討論，使他們不但加深對這本書的印象，也訓練了他們的語文能力。

有時這種閱讀的指導，不限於課外讀物，即使是教科書，也應該做這種深究的工夫。一般老師以爲把課文中的字句講解清楚

即可，其實這是不夠的，還應該把鑑賞的能力也傳授給學生。因為一個題目常有許多種的寫法，作者所以用這個立場、這個觀點、這個方式來寫作，必有它的條件，當老師的不可不知，也不能不講。

作文是作者用有系統的文字表達個人的思想，不像一個問答題，只要回答問題就好，所以審定作文的標準，應該是建立在「好不好」而不是在「對不對」。

今天一般學生拿到一個作文題目，只是在解釋題目，回答題目。完全是先揣摩老師評價作文的標準，然後迎合老師的喜好去寫作文，所以每一篇作文都套入了特定的模式中，使小學生作文的內容幾乎是千篇一律。這種失去生命的文章就沒有價值了。所以老師能不以對錯來衡量作文的分數，就可以讓學生有充分發揮的機會，不然全成為死的作品了。

好像要寫「夏天的冷飲攤子」，如果能拋開對錯的標準，學生就不會想到：我們不能吃零食、吃零食是有害健康的。然後全落入了這個樊籠而寫不下去了。只要學生寫得合情合理，通順達意就是好文章。不需以一般觀念中的對錯來判斷文章的好壞。

其次，要使學生作文生動，出題也要生動、有技巧，就是題目必須讓學生有可發揮的地方，不要像出是非、問答題一樣，只讓他們簡單回答就可以交卷，像「早起是好習慣」、「運動有益健康」、「怎樣做個好學生」、「快樂的星期天」……等，限制了學生的思想。所以，作文題目：「衣服」就比「我的新衣服」好，「老師」就比「我最敬愛的老師」好，「新年」也比「快樂的新年」好。總之，教師出作文題目，一定要儘量的讓學生有發揮思想的機會。

　　記得我讀書時，有一位國文老師對我們的影響很大，他出的作文題目都很生動，譬如有一次他出了個題目：「紅燈」，有同學就寫鬼故事；有的同學寫理性的文章，說明紅燈是警惕的記號；有的寫旅遊故事；甚至寫幻想的科學故事。總之，大家都以個人的感受和經驗來表達這個題目，每一篇文章都有作者的生命在裡面。

　　其次，要求學生寫「真」的作品，雖然評價一件完好的作品是要做到「真、善、美」，但其中以「真」最為可貴，只有真感情才能寫出好文章，如果只是喊口號，就失去寫作文的意義。好像有些學生寫作文都會寫要孝順父母，但一回到家，也許就頂嘴、淘氣、惹父母生氣，這就是不真，不「真」就不「美」。

　　批改作文也是教師重要的工作，因為它將直接影響學生對寫作文的興趣。學生如果作文成績低落，又從不曾得到老師的讚美，他就對自己失去信心，對寫作文索然無味，所以老師批改學生作文，一定要給予適當的讚美。不論他是內容好，說理好，或是描寫好，總之，即使只有一句話用得好，一個字用得好，也要給予鼓勵。每次發作文時，教師可以輪流讚美學生，可以叫學生把自己的文章朗誦給同學們聽。這種鼓勵是不容忽視的。

　　今天一般人都認為下一代的語文能力低落，相信只要注意小學生的閱讀與作文，必可提高他們的語文能力。

第九章

作文教學

壹
建立作文教學的正確觀念

一、寫作是表達思想及情感的工具

「表達」是人的基本需求。人是群體的動物，人與人相處需要傳遞自己的思想和情感，表達的媒介就是語言（說話）和文字（作文）。訓練兒童寫作，不是老師「要」他們寫什麼，而是希望兒童知道，他自己想「說」什麼？如果老師能讓兒童看到題目就「有話想說」，這作文就容易了，否則老師給他們大綱，還告訴了他們段落，但是學生依然眉頭緊蹙，這就是他們還找不到要寫的東西，還不知道自己要說什麼。

既然寫作是在表達思想和情感，那麼引導兒童看到「題目」想起過去已有的經驗，和增強兒童的想像力，才是教學的首要工作。

二、作文是透過各種感官的綜合活動

人們有話要說，是因為人對於周遭的環境有了感觸，或是對眼前所發生的事物想表達一些意見，或是偶爾聯想起過去的經驗，這些心中的意見或是感觸，都是透過視覺、聽覺、觸覺、感覺所產生的，把這些有感覺的話說出來就是作文。

所以，寫作文就是寫：

(1)看到的。

(2)聽到的。

(3)聞到的。

(4)觸到的。

(5)想到的。

(6)感到的。

三、作文主要是反映現實和情感

　　文學和藝術都有淨化人心的作用，當然也都有傳道的功用，但是就文學藝術的目的，主要是在「表達個人的情感和思想」，不以傳道為主要目的，尤其兒童寫作是訓練他們的寫作能力，而不是考他的公民道德，所以不必以是非法來論他作文的能力。曾看過老師出一個作文題目是「補習」，只見學生滿紙的批判，都是說補習的不對，和補習的可怕性。其實補習並非都是負面的，我們希望學生寫出補習的「現象」，而不是對補習當「對」「錯」來評論。又老師出個題目「攤販」，結果學生的作文都說攤販是都市之瘤，攤販賣的東西是不能吃的，只見學生訴說攤販的不是，而鮮少談他們看的「攤販」的情形。倘把寫作文當成是非題是不恰當的。除非是論說文，否則以「電影」的手法呈現現象，較有可讀性。

四、寫作是訓練思維的課程

　　兒童把寫作文當成是一件頭痛的事，因為常常不知道「怎麼

開始寫？」「怎麼寫第二段？」「怎麼銜接？」「怎麼結尾？」「要找什麼例子？」等。其實這些都是需要運用邏輯思維的能力，把看到的、聽到的串連起來。所以寫作文主要在訓練思維能力，不只是把字詞堆砌起來而已。

五、作文是驗收的工作

讀書教學是學習字、詞、句、篇的工作，在讀書教學時，就要把它視為作文教學的基礎。寫作文是讀書教學的驗收工作。假使平日讀書教學教得透徹，寫起作文就會容易得多了。所以教學作文要從教學讀書開始，把作文當作成果驗收的工作。

形式深究既是探究字詞和句子，而寫作文又是運用文字的能力，所以形式深究和內容深究是學習作文的開始。因為深究課文做得好就可以：(1)避免寫錯別字；(2)避免用錯詞；(3)避免用錯句子；(4)明瞭寫作的方式；(5)加強對文字的感受能力。

● 貳
作文訓練的基本途徑

一、從說話到寫作

「說」和「寫」是語言表達的兩種形式。說是口頭言語，寫

是書面言語，兩者同是表達思想、進行交際的工具。兒童掌握語言的過程，是口頭言語先於書面言語，低年級學生的口頭言語雖然已有相當程度的發展，但要連貫的有條理、有中心的表達，使說出的大致能寫上，做到「說寫一致」，是需要經過一番說寫的訓練。

訓練作文，從訓練說話開始，但是要說得有重點，有條理，語言連貫，有頭有尾，養成良好的口語習慣和思維能力。良好的口頭言語習慣一經形成，對書面言語學習和寫作都有幫助。

二、從敘述到說明

「述」就是要學生把自己閱讀的書，或是他人講述的材料複述，或重寫出來。從述到作是習寫作文初期的要求。學生開始作文，既不知道「寫什麼」，又不知道「怎麼寫」，因此他們需要教師提供材料，使他們依一定的素材進行表達能力的訓練。「述」有講故事、複述課文、長句縮短、短句變長等。教師在安排時，可以先從敘述三、四個的短文，到結構比較複雜的文章；從教師提出提綱讓學生敘述，到兒童共同擬定提綱，進而到獨自擬出提綱敘述。除了敘述課文的內容、複述老師的意見以外，還可以敘述自己的見聞或是故事，再讓學生說明一件事物或講出一些道理。

敘述是對一個現象、一件事情，條理的描述出來，它可以從時序的推進來寫，也可以從不同地點分段來寫，也可以從自己的感受來寫。敘述文有較多的個人主觀意識，說明文則是客觀說明性質或特色，在書寫上較為困難，所以訓練作文要先寫記敘文，

再寫說明文。

三、從模仿到創作

「模仿」是提高學生讀寫技能的有效途徑，從「仿」到「創」是學習作文的規律。「仿」好比是一座橋樑，學生通過「仿作」到達獨立寫作的彼岸。「創」就是帶有創造性因素的獨立寫作。「仿」是手段，「創」是目的；「仿」是條件，「創」是結果。

模仿是效法優良作品的寫作方式，不是抄襲別人的文章，教師在作文指導時，應告訴學生區分這些界限。仿作訓練的方式是豐富多彩的，有的著眼於內容的發生，有的著力於寫法的方式，有的從觀察角度去思考，有的受課文型式啓發而去展開聯想，有的以學習章法為主，有的以吸收妙辭佳句為用等。我們可以從各個角度去模仿一篇好文章。

仿作可以有以下三種方式：

⑴**仿其文詞**：仿用範文的部分文字，包括詞語、句式、警句、格言及部分段落。

⑵**仿其結構**：模仿文章的結構、布局或寫作思路、記敘的順序等。

⑶**仿其作法**：仿照並掌握範文的寫作方法，或是作者的思考模式、觀察角度等。

四、從放膽到收斂

「放膽」、「放手」，是指寫作文時，不使學生感到不必要的束縛，解除心理上對於作文「要求」、「規定」等壓力，而自由自在，信筆寫來，想寫什麼就寫什麼，有助於提升學生作文的興趣和動機。而且充分發揮學生的個性，使思路開通，想像力活躍，有利於培養學生的創造力和思維能力。等學生寫作文時有話要說，再指導學生「要怎麼說」，也就是指導如何取捨、如何安排的訓練。

從放到收，基本順應兒童的習作心理和學習規律，是一種先易後難的發展過程，讓學生的表達能力逐步提高。

五、從部分到整體

學習是逐步累積的過程，必須按照循序漸進的原則，從易到難、從簡到繁、從部分到整體。小學作文也是這樣。一篇文章一個整體，對小學生來說，一開始就要求寫整篇文章是困難的。可以從句子練習開始，透過寫片段，逐步過渡到篇章結構方面的練習。作文能力是字、詞、句、段、篇結合訓練的結果，提高學生的寫作能力，也應從單項漸進到綜合。

先側重部分的、局部的練習。這種訓練可以從下列五項來分述：

(1)寫一個場面。

(2)寫人物外貌形態。

(3)寫對話。

(4)寫景。

(5)狀物。

例如：寫醫生和病人的對話；寫夏天炎熱的情形而不帶一個熱字；寫老師上課說話的表情等。

這種寫作方式就是從「小處入手」的訓練方法。寫小處容易觀察，容易入手，例如要寫「我的媽媽」，可以先寫「媽媽的手」、「媽媽做的菜」、「媽媽最常說的話」、「媽媽的嗜好」等，及至兒童對媽媽很熟悉了，再來寫「我的媽媽」就容易多了。

六、從課內到課外

小學生作文訓練應以課內為基點，即依混合教學法方式。教師要鼓勵學生在課外利用一切機會多動口，勤練筆，使他們把課內學到的作文知識，透過課外的訓練轉化為寫作技能。例如，先分析課文的寫作方式，模仿課文的結構寫一篇文章，再把這種寫作法，運用到自己的創作上。至於課外作文訓練中，比較便利而有效的練習形式，就是寫日記。

七、從積蓄到傾吐

從積蓄到傾吐是對作文訓練途徑的客觀認識。積蓄的方式有觀察和閱讀。所謂觀察，是指平時要學生多注意四周環境的變化，看大自然四季的變化、晨昏的變化，看人們臉上表情的變化

和生活中的各種改變；另外就是要多閱讀，記下優美佳句，讀後心得，把生活經驗和閱讀的知識成為寫作的材料。只要胸中先有一腔積蓄，臨到執筆，拿出來就是有內容的作文了。學生寫作文前，多觀察和閱讀，就可以積蓄大量的寫作材料了。

叁
尋找作文的源頭

　　小學生寫作文最大的困難是「不知寫什麼？」和「不知如何寫？」教學生「如何寫」則可以透過國語教學的形式深究加強訓練，至於「寫什麼」就要去尋找作文的源頭了。以下提出幾點尋找作文源頭的方法作為參考：

一、充實生活經驗

　　充實的生活，豐富的積蓄，是寫作成功的必要條件。在作文教學中，教師命題首先得考慮學生的「生活源頭」和「知識經驗」，寫作的題材應以學生所熟悉、所理解的家庭生活和學校生活為主。這樣，學生寫作時才有話可說，有事可取，有情可抒。有了「素材」，就不會說空話；有了「感受」，就不會說假話；有了「知識」，就不會胡說亂講。所以教學作文的首要工作是讓兒童多觀察（靜靜的看）、多體會（細細的想）、多閱讀（慢慢

的讀），如此，就能充實自己的生活。

二、培養觀察能力

　　觀察能力的訓練，就是有目的、有計畫的去感知客觀環境的能力。雖然每一個人都能看，但不是每一個學生都看得有意義，有些孩子是視而不見，所以觀察能力也需要老師的指導。指導觀察的方法，首先提出「觀察的方向」和「觀察的目的」，指導兒童用「順序法」、「比較法」、「想像法」、「推斷法」等方法去觀察。

(1)**順序法**：是讓兒童順著事物的發生過程去觀察，如看蠶的一生、一棵樹的變化等。

(2)**比較法**：是拿一件事與另一件事做比較，如比較「窗外與屋內」、「早晨與傍晚」等。

(3)**想像法**：是當孩子看到一件事時，讓兒童去說「你看到的東西，它像什麼？」

(4)**推斷法**：是當兒童看到一個事物時，請他告訴我們：「為什麼會有這種現象？」「你想，它以後會變成什麼情形？」等等。

三、培養閱讀的興趣

　　寫作文要有話說，要用詞妥當，句子條理，一定要從學習而來。大量閱讀是增加知識、增廣見聞的不二法門，平時指導學生多閱讀，而且常作筆記，是學習作文很重要的工作（可參考本書

第八章）。為了鼓勵孩子閱讀，可以多獎勵，如讀完十本書給個好學生卡，有了十張好學生卡，可以換一張小博士卡，多予鼓勵也是培養閱讀興趣的方法。

四、加強想像力的訓練

作文雖是表達個人心中的意見和情感，但是在表達過程中，如果能用比較優美的詞句來書寫，文章就含有文藝的特質，閱讀起來就更有可看性。所以寫文章要加上想像的翅膀，使文字能飛躍起來，活潑起來。舉幾個例子，看看透過想像力的作品是什麼風貌：

——水面上的山峰像一座塗滿奶油的冰淇淋。

——他盡情享受著溫暖的陽光，大口吸入新鮮的空氣。

——這種感覺就好像眼前的雪堆突然融化了似的，雪堆後呈現出一片新的藝術天地。

——我腳底下踩著天鵝絨般的青苔，每天飲用最鮮美的露珠，整天沐浴在金色的陽光中。

——火車的速度十分驚人，不但快，而且就像在平坦的雪地上坐雪橇一樣的平滑，窗外的景物迅速的掠過眼前，彷彿一加速就會飛起來似的。（以上文字引自《安徒生傳》）

一篇只有敘述的文章，好像只是雞蛋加上麵粉做出來的蛋糕一樣，平素而缺乏美感；如果在蛋糕上面加一些設計好的花紋，或是奶油、巧克力等有色彩的花樣，就可以使蛋糕看起來更加的可口了。這些添加的花紋，就像文章中經過修飾的文字，和加上

想像的形容詞一般，更能引人入勝。所以培養想像力也是訓練寫作的重要工作之一。

─────────● 肆
寫作文的步驟

一、審　題

　　寫作有兩種方式，一種是先定題目，寫作者再依據題意寫文章，一種是寫好了文章再定題目。教室裡的作文課大都是老師出好題目，學生再依據題目寫作，這種寫作文的步驟，第一步就要「審題」。首先明瞭題目的主旨，才好找材料寫作。

　　「審題」就是了解題目的意義、範圍、主旨。例如：

　　「秋天」：要寫秋天的氣候特質、秋天所看到的景氣、詩人對秋天的感受、秋天給你的感覺⋯⋯。

　　「耕耘與收穫」：要寫什麼是耕耘？什麼是收穫？收穫需要什麼條件？耕耘與收穫有什麼關係？作文內容一定要談到這兩部分才算完整。

二、選擇體裁

　　體裁就是寫的方式。同一個題目可以用「抒情文」寫，可以

用「說明文」寫,可以用「記敘文」寫,也可以用「議論文」寫,沒有一定的法則。在小學的作文裡,一般以記敘文和說明文的方式較多。讓兒童看明白了題意,就要想用什麼文體來寫作。好像上面的例子,「秋天」較適合用抒情文或說明文寫;「耕耘與收穫」較適宜用說明文寫。如果寫「紅燈」、「抽菸」、「臺北早晨」、「十字路口」,就可以自由選擇文體來寫作了。

三、立　意

所謂「立意」就是確定中心思想。一篇作文要有一個主題,抒情則要明確表示抒的是什麼情?說明文則要讓人一看就知道,你要說明的是什麼道理?或是什麼關係?寫作文時,學生可以建立他個人的看法,例如寫「我的校園」,學生可以說我的校園是我最喜愛的學習和遊玩的地方。當然也可以寫我的校園有許多設備不理想的地方,希望在哪一個地方增加哪些設施等,寫出自己的見解是很可貴的。一篇作文一定要有一個中心思想,否則就不知所云了,所以立意是寫作文的重要過程。

四、蒐集材料

看懂了題目,明白自己要寫什麼,又找到寫作的體裁,接下來就是蒐集材料,充實內容了。這時學生要透過回憶、觀察、思考來把相關的材料,從四面八方的蒐集起來。

蒐集材料的方法,就是把看到的、聽到的、想到的相關資料,一項一項的書寫下來,列成一張表格,再設法選擇材料。

五、整理材料

　　整理材料就把各方蒐集的材料，以**發生時間先後**或是**性質功能的不同**，做一個分門別類的整理，把不需要的部分捨棄掉，把想說出來的部分理出，以先說、再說、後說的順序，然後才能分段的寫出來。

六、語言表達

　　語言表達就是用文字把自己的思想寫出來，這時要一面寫，一面思考，不可以寫得太快。也可以依據寫作大綱，一段一段的寫出來。

七、修改文章

　　寫文章很少人可以一氣呵成的，而一旦寫好之後，也很少人可以不需修改的，學生要學會修改自己的作文，將來寫文章時，就可以不斷的進步了。所以老師要教學生，寫完作文以後，再看看有沒有寫錯字、句子通不通順、段落的安排是否恰當等。自己修改自己的文章，是非常有效的寫作訓練。

國小語文科教材教法

伍

認識標點符號

　　標點符號是文字的表情，也是說明正確意義的符號。標點符號分為「標號」和「點號」。

　　標號：是標示「文字的性質」。

　　點號：是標示「語氣的停頓」。

　　「**標號**」有：書名號 ，橫排方式書名號用《　》，篇名用〈　〉。

　　　　　　　私名號 ｜，橫排則用——劃在地名、姓名下方

　　　　　　　引　號「」，西方也有用" "來表示引號

　　　　　　　夾註號 ｜，橫排用——

　　　　　　　刪節號 ，橫排用……

　　　　　　　破折號 ｜，橫排用——

　　　　　　　驚歎號！

　　　　　　　問　號？

　　「**點號**」是：句　號。

　　　　　　　逗　點，

　　　　　　　頓　號、

　　　　　　　分　號；

　　　　　　　冒　號：

　　　　　　　音界號 ·

（請參考本章附錄）

────────────•陸
各種作文教學法

作文是許多兒童覺得比較困難的學科，許多教育學者在這一方面都提出了各種不同的教學法，歸納起來約有以下幾種：

一、填充法（適合低年級）

訓練兒童運用詞彙是教學作文的第一步，填充法就是把學生在課堂上學習的詞彙，用填充的方式讓兒童常做練習和運用，使兒童學到比較豐富的語詞，將來在寫作時，自然靈活運用而沒有困難。這種方法就是國小習作中的填填看、填詞、看圖填字等。例如：

　　有一天，有一個「　　　」到公園去玩，看見了一隻「　　　」在花園裡「　　　」，小孩看到「　　　」就跑去抓它。一不小心，碰到了一個「　　　」他就「　　　」。他痛得哭起來了。

二、問題法，也稱助作法（適合低年級）

作文課時老師給學生一串的問題，學生把答案寫出來，然後連綴答案就可以成為一篇文章。這種作文教學稱為助作法，適合低年級學生。例如：「一個星期天」。

哪一天不用上課？

——星期天。

星期天你很早起床嗎？

——早上，我很早就起床。

起床後你看到了什麼？

——起床以後，我看到窗外有陽光。

爸爸、媽媽跟你說了什麼話？

——我對爸爸說：「我們去動物園好嗎？」

你做了什麼事情？

——爸爸、媽媽就帶我們去動物園。

你先怎麼做？再怎麼做？

——我們先去看溫帶動物區，再去看非洲動物區。

你遇到什麼困難嗎？

——我們走得很累了，就回家。

你做的這件事好不好玩？

——到動物園看各種不同的動物是很好玩的。

你覺得好的是什麼？不好玩的是什麼？

——因為我

……

　　老師提出問題引導學生思考，回答問題，把回答的話寫下來，就可以連綴成一篇文章了。這就是幫助學生完成一篇文章的方法。

三、共作法（適合低年級）

老師和學生一起討論一個情境，老師把討論結果一句一句寫下來，老師幫著連綴成一篇文章，再讓學生抄下來。

四、看圖作文法（適合低、中年級）

低年級的習作中有許多「看圖作文」的作業。因為兒童初寫作文，在條理上和內容上較不易掌握，如果能夠一面看圖，從圖畫裡得到啓發，再一面寫作，可以有話說，而且可以有較完整的內容。

在「看圖作文」的教學中，一個重要的工作就是要學生把圖看仔細，從背景的天氣、草木或房屋，到人物的表情、衣著都要看仔細，同時把這些列入寫作的材料，寫起來才不會空洞，寫作時再加些形容詞或「像什麼……」的比喻，內容就更生動了。「看圖作文」可以用一張圖、一個段落，訓練學生分段的能力。

五、對話作文法（適合低、中年級）

在國小的國語課文中，以對話方式寫作的情形較普遍。像第三冊從第一課到第二十一課，就有十五課有對話的寫作方式，例如：

我告訴弟弟説：「不要害怕，你看，前面是紅燈，不要走。

等綠燈亮了再過馬路。」弟弟說：「好，我一定記住。」（第一課）

我們可以模仿課文，用對話方式來寫作文。例如：題目是「星期天的早上」，我們可以這樣寫：

媽媽笑著說：「星期天，你們不用上學，我們去看外婆好嗎？」
爸爸對我說：「我們去看外婆，還可以看看大舅家的小表弟。」
弟弟最高興了，他一面跳一面說：「真好，我要當哥哥了。」
星期天早上，我們就高高興興的去外婆家。

六、圖表作文法，也稱聯想法（適合中、高年級）

目前兒童在寫作文上，最感到困難的地方就是沒有話說，也就是寫出來的作文沒有內容。

基本上一個人只有在自己內心裡有話說時，才能說出話來。寫作文是老師給一個題目，學生就這個題目說出自己的感想和看法。當學生寫作文時，可能對這個題目根本沒有什麼想說的話，老師為了要使學生有話說，總是用討論法或示意法，甚至老師替學生定大綱，這些方法都不錯，但是總是由外來的思想加到自己的身上，如果寫作文的人能自己來思考，或用自己的生活經驗來說明，則更可以寫得通順和有內容，那如何激發學生喚起他的生活聯想呢？

「聯想」確實是一種激發過去經驗的好方法。在聯想的過程中，可以想到許多的事情，但是只有想而不把它記下來，許多的想像就會稍縱即逝，所以在寫作文前，讓學生一面想，一面把想

到的記下來。我們可以用圖解的方法把它扼要的寫下來，而且可以依著這個聯想再往下想，就可寫出許多的內容了。

例如：母親節快到了，我們來寫「我的媽媽」——要跟學生強調是「我」的媽媽。

方法一

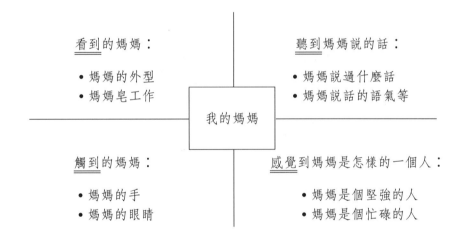

方法二

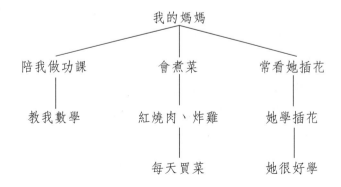

七、仿作法（適合中、高年級）

仿作法是在閱讀完一篇課文或文章後，模仿課文的寫作形式，或是文章的體裁和結構、段落安排等。在教學中，我們可以寫和課文相同的題目，用不同的寫作材料；我們也可以寫和課文不同的題目，但是同一類型的文章內容。如讀完〈阿里山看日出〉這一課，我們可以寫「陽明山賞櫻」、「看關渡平原的水鳥」、「淡水河看落日」等。兒童有文章可以模仿，寫來容易，有成就感，就有寫作的興趣，作文自然會進步。

八、感官練習法（適合中、高年級）

因為作文是寫感官所能接觸到的事物，而且作文要寫好，一定要有內容，內容來自於「看到的」、「聽到的」、「觸到的」、「聞到的」、「想到的」、「感受到的」……；感官練習法就給兒童一個情境，讓兒童寫出他們從感官上得到東西，如出一個「談環保」的題目，可以讓學生第一段寫「看到」的環境情形；第二段寫自己「聞到」或「觸到」的髒亂情形；第三段寫「聽到」大人或老師談到的環保問題；第四段寫「想到」環境與我們的關係，再寫出環保的重要，相信就是一篇好文章了。如此訓練學生，一定可以寫好作文。

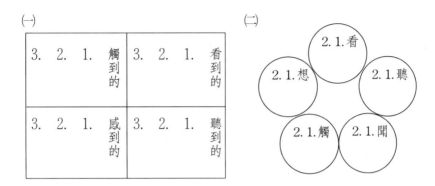

九、改寫法（適合高年級）

　　兒童小時候聽過很多的故事，好像「龜兔賽跑」、「賣火柴的女孩」、「醜小鴨變天鵝」等，可以讓兒童把這些童話改寫成另一種形式或另一種結局。例如把讀過的課文，改寫成對話式的戲劇，或把戲劇改寫成散文。改變故事或改變體裁，都是改寫的一種方式，這對高年級兒童很有挑戰性。

十、分格訓練法

　　分格訓練法就是把一篇作文分成幾個小段來寫。小朋友寫一篇兩百字的作文可能有一點難。但是寫五十字就容易多了。老師可以先想好題目，每天家庭作業寫題目的一部分，累積四、五天以後，就可以合起來成為一篇文章了。例如，作文題目是「我的家」，可以分四格來訓練，每次寫一格五十字以上，四格寫完，就可以連綴成完整的作文了。

| 我家的環境 | 我家的成員 |
| 我家的休閒活動 | 我對家的感覺 |

十一、組字、組句法（適合高年級）

這是一種有開創性的寫作方式，就是給兒童一組字（可以同性質，可以不同性質），例如：看、見、瞧、瞅、睬、睞……等字，要學生寫一篇短文，文中要包含這幾個字，內容則自由發揮。或是給學生幾個詞組，例如：森林、草原、溪水、小花鹿、小猴子、仙女、水源……，讓學生創作一篇文章。利用學生豐富的想像力，自由的創作，這是很有趣的方式。

十二、整理歸納法（適合高年級）

這是說明文或論說文的寫法，讓學生蒐集資料或由老師發給資料，讓學生閱讀資料之後，做整理歸納的工作，嘗試從資料中找出**論點**，再整理出**論據**來證明**論點**。有時可以安排學生分組討論，各人把討論結果寫出來，就可以寫出具體而有內容的論說文了。

———————• 柒

作文的批改

　　批改作文是使作文進步的一個重要工作。批改是指「**批**」和「**改**」。「**批**」是眉批，給予學生的評語和建議，包括作品的思想內容、主旨大綱、取材、文氣、段落、結構等，給予具體的建議或修正。例如可以用以下的評語：

　　——第一段破題，能寫出題目的重點，非常妥貼。

　　——第二段寫竹山的景色，用詞很美，但是和第一段銜接得並不恰當，盼修正。

　　——寫作文結尾很重要，能總結前文的意思，才能前後呼應，文氣通暢。

　　「**改**」**是修改學生文章的字詞**，包括遣字、用詞、造句、標點符號等的修正。改是修飾學生寫好的文章，讓學生知道哪一個字寫錯、哪一詞用錯等。一般修改文章有習慣用的符號如下：

國小語文科教材教法

訂正用符號表（以一般直書方式表示）

符　　　號	意　　　義	用　　　法
‖	刪掉的字或詞	畫在字詞上
△ △	不小心刪掉的字要保留、還原	畫在刪掉字詞的右邊
S	字句顛倒	畫在顛倒的字句上
□	備填方格，改錯字或增字	記在該行上端或插在字詞間
⊓	分段處或應低下寫	畫在該句上端
↓	低下寫	畫在字句下端
↑	提上寫或另起一段	畫在字句上端
×	錯字	記在字的右旁
⋮	意思未全	記在句末下
⋮	增加字詞	夾記在兩字之間
?	疑問（字意不明）或句意不明	記在字或句的右邊
〈	添入文句	加在兩句間
○ ○ ○ ○	表示好的句子	加在詞句旁

　　作文的評語和評分對兒童寫作的影響很大，老師要仔細評語，給具體的文字，讓兒童容易了解老師所給予的意見。評分上可以用分數、用等第。用分數不要給的太低，用等第則可分為五等第，如：甲上、甲、甲下、乙上、乙；非常好的文章，可以打「優」，非常差的當然可以斟酌給分。如果學生的作文寫得通順條理，達到「甲上」的標準，但是字跡拙劣，不認真書寫，我建議給他打「甲上－5」來表示；如果他作文寫得並不好，但是他很認真，我們也可以給「乙上＋5」來給予鼓勵。總之，作文的批改對學生寫作文有很大的影響。

附　錄

標點符號的運用

　　古人所寫的文章沒有標點，所以因為每個人的分句方式不同而有了不同的解釋，或是鬧出許多笑話。諸如常為人所談到的「下雨天留客我不留」，就有七、八種的標點方式，且將因標點的不同，而產生完全不同的意義，甚至可能相反的意思。所以過去小孩到學堂，先生最先教的就是句讀（ㄉㄡˋ）了 ── 如何分句、如何分段。是以學生就學習在文旁加上「、」或「。」的符號。直到民國初年，才開始有今日用的標點符號。

　　目前我們所用的標點符號，其實是源於外國的符號，算得上是舶來品。民國八年，教育部根據「國語統一籌備會」的議決案，而頒布了新式標點符號。當時有十二種，後來把其中的「點號分為逗點（，）和頓點（、），又添了專為外國人姓名用的音界號（‧）」，而成了十四種。

　　這十四種的標點符號又可歸類為「標」號和「點」號。標號的作用在認識，點號的作用在句讀。其別如下：

標號 ｛ 書名號〜〜〜
私名號──
引號「 」
夾註號（ ）

點號 ｛ 句號。
逗號，
頓號、

刪節號……　　　　　分號；

破折號──　　　　　冒號：

驚歎號！　　　　　音界號．

問號？

　　標點符號就像是文章的服飾。人因不同的服飾可以代表不同的個性和氣質；同樣的，標點符號也可以表現出不同的語氣和神情。如今有了標點符號，可以使我們免去古人犯的錯誤或笑話，如果我們不善加運用或是不去用它，那就如同承認千年來纏足的惡習是我們的國粹一樣地愚昧。但是運用的不恰當不正確，那麼文章也徒然是一個空架子，或是一組混淆不明的文字而已。

　　我們運用標點，不但要用在該分句讀地方，而且要運用的正確。因為標點本身就有其不同的意義，有時它就像一組文字一般的具有生命涵義，所以運用上要貼切正確。例如：「在二十年前，這裡曾流過不少的血？」「在二十年？這裡曾流過不少的血。」問號用在不同的地方，卻產生了不同的意義，前者是對整件事情產生疑問，後者則懷疑二十年的真實性。

　　又如朱自清先生〈背影〉中的前兩句，也有不同的句讀方法：

　　　　我與父親不相見已二年餘了，我最不能忘記的是，他的背影。

　　　　我與父親不相見，已二年餘了，我最不能忘記的是，他的背影。

　　這兩種分句會令我們產生不同的感受。由此可以看出標點也負著表情和表意的任務。是以我們絕不能混淆不清或運用不當。

兹將前面所提出的十四種標點符號分別介紹如後：

一、書名號 ⟩ （ 橫排方式書名號用《 》，單篇用〈 〉 ）

標明書名、篇名及報章、雜誌的符號。以前都把這個符號畫在名稱的左邊，以避免與一般的點號符號混淆而弄不清楚。今天標點符號已自占一個空間，將不受影響，可以任意寫在名稱的左邊或右邊，但習慣上我們還是把它標在左邊。例如：

(1)《三國演義》，是一部歷史小說。

(2)史密斯的《國富論》，成了改變歷史的書。

二、私名號＿＿

標明人名、地名、國名、朝代名、種族名等專有名詞的符號。例如：

(1)馬爾薩斯依據以上的理論，提出他對於人口問題的建議。

(2)唐伯虎是明朝的一位風流名士。

這兩種符號的功用是在使讀者易於辨識，一看就知道是一本書、一個人或是一個地方。今天也有人用引號來標明它的專有名詞，替代了書名號或私名號。有的在書序上，或一開始介紹過了書名和人物之後，文中就不用這兩個符號了。但我們寫一般短文，則最好能運用它們，以使讀書容易認識。

三、引號「 」、『 』，西方以 " " 來表示引號

引號有單引號、雙引號，旨在所引句中，又有須表明的地方，則用不同符號以表示。它一般是用在引用語的起始及末尾，或特別提出的詞句的前後。外國文字所用的引號是 ' ' " "，現

在學生有些也就左一逗點、右一逗點的算是引號，這是不恰當的，因外文橫寫，中文直寫，所以還是傳統的方式較適當。例如：

(1)《禮記》曰：「苛政猛於虎。」

(2)倩對我說：「我喜歡納蘭的詞：『若是多情醒不得，索性多情！』你看多瀟洒啊！」

(3)「庵」「菴」也是一個字的兩種寫法。

四、夾註號（　）或作〔　〕或作──

──用來表示說明或解釋的符號。例如：

(1)我十四歲（其實只有十二歲零三個月）便離開了我的母親。

(2)要使自己有修養，一定要把四維──禮、義、廉、恥──做的很實在。

破折號是單條線──，夾註號是用兩次──，放在說明文字的前後，這兩者容易混淆，所以一般用法還是以（　）符號為較佳。

五、刪節號……

表示刪去詞句，或語氣沒有完結的符號。如先舉幾個事物，其餘從略，下面使用刪節號；或是一句話不說完將意義隱了，也用刪節號。例如：

(1)像愛啦、忌恨啦……誰能把所有的事物都放在心裡惦掛著？

(2)「照這樣鬧下去，不但小的吃苦，就是大人也……」

六、破折號——

標明文句意思驟轉，或語氣忽變的符號，也可以作爲説明或總結之用。例如：

(1)一要皈依佛性，二要皈奉正法，三要皈敬師友——此是三皈。

(2)小時候沿著家鄉的小河，慢慢數著散步——這已經是兩年前的事了。

(3)「生命也是這個樣子的。」蘊華説：「就跟海浪一樣，退回去了又衝過來，衝過來了又退回去。在來來去去之間，我們一天天老去——結果還是空空的，什麼也沒剩下。」

破折號今天很受新文藝的作者所喜愛，甚至運用的很廣，諸如它有加強某一句的用意，甚至還可以把它用在表示説話上。例如：

「雖然我們未必用到它——但它確實是一根好支柱。」

——破了不要緊，再吹一個。

——破的如果不是肥皂泡，是愛呢？

七、驚歎號！

有時加強語氣，還用「‼」兩個驚歎號，或表示驚奇與疑問，也與問號用同「⁉」或「⁈」，它是標明情感，語氣、聲調的符號。常用在帶有喜、怒、哀、樂等情感，或表示願望、讚美、感歎、命令稱呼等語氣上。例如：

(1)真怕！真怕時光就此飛逝，連這點夢幻，也挽它不住！

(2)我知道她想説：「這世界多美啊！」

八、問號？

標明疑問性質的符號。用在表示懷疑、發問、反結或詫異的語氣。例如：

(1)海樣藍的流水，海樣藍的時光，可曾爲我停駐？

(2)是誰的詞：「世事若果皆滿願，便從何處著思量？」

一般人都以爲問題都要用在的、呢、嗎等疑問詞的後面，其實不盡然，只要是有疑問意思就可以用問號。

九、句號。

表示一個意思的完結，這個符號容易使用，較不會被人用錯。但也得用恰當，語氣未完，用了它，就不恰當。用法如下：

(1)仰頭望山，才知道山後面另外有山。

(2)雖然北風淒冷，但是手上抱著書，就把春天抱住了。

十、逗點，

標明句子的停頓或分別。例如：

(1)架上鞦韆牆外道，牆外行人，牆裡佳人笑，笑漸不聞聲杳，多情總被無情惱。

(2)月又瘦了，瘦成那個樣子，尖尖的那兩頭，像極了古酋長手中的彎刀——像彎刀的尾梢。

逗點和句號是一般人最常用也最熟用的符號，但也有很多人不能用正確。我常在學生的作文裡發現，有些人一個段落只用了一個句號，那是在段落的結束時，其餘的就一路「逗點」點下來，這是不對的。其實一個意思是一個句號。如果這個意思要用

比較多的文字來表示，則用逗點把它分開，以免句子太冗長。所以一段文字中，應該要好幾個句號才是，但有時一句話就用一個句號，這是因爲一句就表達了完整的句子，所以不用逗點而直接用句號。例如：

(1)曾經在深山裡看過凋敝的枯樹。它從懸崖邊伸出，光禿禿的枝椏，零零亂亂的伸向空中。

(2)孩子們喜歡雪。單是看著雪花慢慢飄墜，就是一種快樂啦！

十一、頓號、

標明語氣上最短暫停頓的符號，或用在分開許多連用的同類詞。例如：

(1)頹廢、放逸、消極，是使青年人墮落的毒素。

(2)一陣細雨，那花兒便會枯萎、凋謝、飄零的。

十二、分號；

標明並列或對比的分句所使用的符號。即兩部分的句子，下一部分多半具有對比、界說、轉折、推行、因果的特色。

一般人較不能用好這個符號，甚至有些不去用這個符號。事實上，它有特殊的功用，可以使文章表達上更加的清楚。我相信只要多看幾個例子，就會運用了。例如：

(1)拳頭上立的人；胳膊上走的馬；人面上行的人。

(2)洗手的時候，日子從水盆裡過去；吃飯的時候，日子從飯碗裡過去；默默時，便從凝然的雙眼前過去。

(3)第二天我們又在溜冰池——現在別人跌倒了我也可以攙他一把；要是跌倒的不是別人，是自己呢？

(4)凡是自己不喜歡的事情，不應該加到人家身上；自己喜歡的事情，也應該設法使人家得到。

(5)犁的用處，全靠它下面的一把刀；牛拖著它走，田裡的泥就被刀劃鬆了。

(6)夜是黃蒼蒼的夜；燈是黃蒼蒼的燈。

十三、冒號：

標明結束上文或提起下文的符號。它可以作總承上文，提起下文，或是提出引語、對話之用。例如：

(1)君子有九思：視思明、聽思聰、色思溫、貌思恭、言思忠、事思敬、疑思問、忿思難、見得思義。

(2)我很想說：「上帝啊！為什麼不把世界造得更美好呢？」

(3)比如：在與原子始祖波耳的爭辯中，愛因斯坦不忘讚美波耳。

十四、音界號·

標明外國人姓名音界的符號，它只用於外國人姓名中間，是以有些人並不把它列在標點符號裡。它的用法，例如：

海因茲·合貝爾

亨利·亞當士

以上十四種標點符號，都是我們寫文章時，所必須運用到的，我們不僅要認識它，還要善用它。因為有了標點符號，你的文章將使讀者容易了解，而且不致誤會，還可以節省時間。基於這幾個原因，今後我們寫文章，不僅在字句上要斟酌，在標點符號上也要用心，以便使文章臻於佳善的境界。

附錄 II
作文批改示例

工作的樂趣

每個人長大了之後，都會給自己一個目標。而「工作」就是
<u>遠大的人生</u>
達成這個目標的途徑。工作的種類包羅萬象，教書、寫作、建
<u>最好</u>
築、做工……~~甚至連學習，也是一種工作。~~而這麼多形形色色的
等都是正當的工作。
工作，我們大致把它分為兩類。一是如寫作、教書的這一類，
可以　　　的　　　　　　　　　　　　等
是屬於「勞心」的工作。二則是如建築、做工，這一類是屬於
△△　　　　　　　　一　　　　　　等
「勞力」的工作。~~他們都是工作，他們必需合作，~~才可以使工作
「勞心」和「勞力」的工作要互相配合
做好。好像「蓋房子」，要有勞心的工程師和勞力的工人，才能
得更
完成建築。

每一件工作，都有它的樂趣。在工作前，~~都會有一種~~「挑
要面臨許多的

戰性十，使我們對工作充滿希望。⑫想要把它做好，此時可以
……工作中心

激發我們的求進步的心。這是第一個樂趣。⑬在工作中全神貫
工作的

注，不但可以忘卻一切煩惱，還能滿足自己挑戰工作的欲望，是
征服　　快樂 這

第二個樂趣。做完時，就更快樂子。
工作的

　　可是有些人，不願意努力工作，不願付出心力，這種人真悲
然而，社會上　　　　　　也　　　　　　　　　是可

囹，他不曉得如何努力，最後一定失敗。
去工作，

　　最後只要我們努力工作，就可以享受工作的樂趣，而且可以
，
達到人生，理想的目標。

評　語

一、第一、二段層次井然，能寫出工作中所得到的樂趣。

二、第三段想做一個「轉」的結構，寫不願工作的人，自然得不到
　　工作的樂趣，但是過於簡要，有後勁不足的感覺。

三、結論回到了題旨，但是和第一段的呼應不夠，而且結論過於簡
　　單，使全篇文章不能平衡，結尾是作文最重要的一段，要多用
　　心寫好它。

第十章

寫字教學

────────● 壹
硬筆字的教學

一、注意執筆的方法

　　寫硬字的執筆方法是很重要的，有些小孩從幼稚園就開始學寫字，在小時手指的發育還不是很完全的時候就寫字，兒童為了執筆可以書寫，於是緊抓著筆，造成執筆的不正確，這會影響寫字的品質，所以正確的執筆法是重要的。以下是正確的硬筆執筆法：

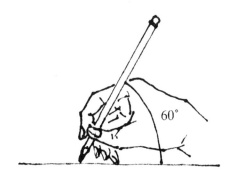

二、認識國字的結構

　　國字是用線條合成的，漢字是方塊字，字形的結構要像建築物四平八穩的，寫出來的字才好看。國字外型的結構各有特色，例如：有長形的字（身、長）、有方形的字（結、構）、有扁形

的字（四、皿）、有梯形的字（並、為）、有菱形的字（今、安）、有不規則的字（衣、紅）等等。要能把握字形的特色，才能寫好字。大體說國字的字形構成有五大類：獨體的字、左右結構的字、上下結構的字、左中右結構的字、上中下結構的字。

㈠獨體的字

如：身、丁、立、人、大、了。

㈡左右結構的字

這類字由左右兩部分構成，又可分為以下四種：

(1)左右相等的字：釣、致。

(2)左窄右寬的字：信、慎。

(3)左寬右窄的字：刪、引。

(4)右左結構高低不等的字：左短右長的字為端、崎、晴；左長右短的字為郵、知、忙……。

㈢上下結構的字

這類字由上下兩部分構成，又可分為以下五種：

(1)上下相等的字：皇、雪。

(2)上窄下寬的字：品、獎。

(3)上寬下窄的字：努、音。

(4)上窄高、下寬矮的字：忠、益。

(5)上寬矮、下窄長的字：窄、花。

㈣**左中右結構的字**

　　這類字的結構是由左中右三部分構成，又可分為以下兩種：

(1)左中右相等的字：謝、糊。

(2)左中右不等的字：吼、猴。

㈤**上中下結構的字**

　　這類字的結構是由上中下三部分構成，又可分為以下兩種：

(1)上中下相等的字：意、冀。

(2)上中下不等的字：魯、蕉。

㈥**其他結構的字**

　　另外，有**外包結構的字**，例如：國、四、圖等；還有**半包結構的字**，例如：同、勿、凶、幽等。國字字形結構複雜，要能掌握字形結構才能寫好字。

　　書寫硬筆字要把握的原則可以有一首「寫字歌」做為參考：

　　身要坐直，紙要放正。拿穩筆桿，不鬆不緊。

　　從上到下，從左到右。先外後內，最後關門。

　　先橫後豎，先撇後捺。橫平豎直，筆筆認真。

　　上下左右，配合勻稱。行行整齊，字字端正。

（取自趙增民撰學習歌訣）

─────── • 貳

書法教學

一、書法教學的目的

(一)認識中國固有文化

　　書法不但是過去讀書人傳遞思想情感的工具，也是過去人們培養氣節的標準。我們可以從留下的各代碑帖上看出，凡是被後人稱揚的書法家，或是刻在石碑上的書文，都是文采豐富，氣節高超的文人烈士之作。其實並非佞臣奸相不善書法，而是史家對它評價不高。所以欣賞書法作品，可以同時感受到書家的風範。如看顏真卿渾穆樸素、氣魄凜然的書體，想他一生冰雪情操、至大至剛的樣子；見岳飛筆勢縱橫、跳盪雄肆的筆意，想他頂天立地、一世英豪的氣魄；蘇東坡才氣高茂，卻連連被貶，然而其赤壁賦、寒食帖卻表現出淡泊明志、瀟灑清雅的情操；此外，虞世南書體的穩重，王羲之行書的朗闊，都正是他們性格的表現。由書法中去體會書法家的清高，去了解中華文化的深厚，去陶養自己的品德，遠比苦口婆心去說教要容易得多。

(二)從書法進入藝術領域

　　書法用毛筆，毛軟有彈性、變化大，寫起來能乾能濕、能肥能瘦、能方能圓、能長能短、能大能小，能展現個性，其錯綜變

化最富有藝術的彈性。<u>唐韋續</u>說：「或以展縱之勢，或托鬱結之懷。」書法不但展現了線條的藝術美，而欣賞者也可以去想像、去領略黑白之間的簡單藝術美。再說，在簡單的線條裡，更可以有豐富的想像。如古人用「雲鶴遊天，群鴻戲海」形容書法的飄逸美，用「怒猊抉石，渴驥奔泉」形容行書的流暢，以「以蓮映水，碧沼浮霞」形容文字的清俊。一個人如果可以靜下心在黑白的線條裡找出布局之美、神韻氣骨之美，則必然可以去欣賞人生中許多更美的事物，也才能走到無處不美，無物不美的境界，如此人生才能有快樂。

㈢作為怡情養性的工具

書法教學應側重於美育的陶養而不是智育的訓練，因為寫毛筆字是一件很煩人的工作，事前做許多的準備工作，如要用特別的紙，用特別的筆，還要準備硯臺和墨等。書寫時也要注意各種細節，諸如先要磨墨、臨帖，書寫時還要注意線條結構，並且保持清潔的桌面。寫字時還必須端坐，脊梁挺直，胸腔開放，兩肩放鬆。運筆時則要全神貫注，一筆就是一筆，不可描繪，而且要心平氣和的書寫，這是怡情養性最好的方法。

二、書法的基本知識

㈠認識文房四寶

寫毛筆字要用特定的工具——文房四寶。

1.筆

依筆毫勁健的程度，大致可分為**硬毫筆**、**軟毫筆**、**兼毫筆**。硬毫筆指的是狼毫、山馬毫、蘭竹筆等；軟毫筆以羊毫為主，其毛性較柔；兼毫筆（即筆裡兼有軟毫和硬毫）其筆力兼具剛柔的性質。一般書寫所用的毛筆全由書者的習慣而定，用什麼筆寫什麼字沒有特別的限定，但是初學者能把握各種毛筆的特性，寫起來較容易，「兼毫筆」較適合初學者。

選毛筆的方法要注意以下四點：

⑴尖：毛筆在有水的狀態下，其筆鋒呈現出尖的形態。

⑵齊：毛筆用手指壓其筆鋒，見筆毛是齊的。

⑶圓：圓指的筆肚（即毛筆中間的部分）要有圓壯的感覺。

⑷健：指筆力要健，也就是在寫字時，毛筆在畫過之後仍能挺直，不會變得扁扁的。

2.墨

古人對墨很講究，墨要輕，要能磨出來有光澤，還要有香味。現在的人不太講究這些，往往有墨就可以，但是仍要學生不可用膠質太重的墨，否則會傷害毛筆。現在學生喜歡用墨汁，選好的墨汁也可以，能以墨汁加水，再用墨去磨就更好了。

3.硯

硯臺以石硯為佳，不可用膠製的硯臺，那會傷害毛筆。硯臺以質地細潤而能發墨的為佳，質細則不傷筆毫，溫潤則容易磨墨。

4.紙

一般書寫用「毛邊紙」或用「宣紙」、「棉紙」等吸水力較強的紙。一般習字用紙仍以半吸墨的毛邊紙為佳。練習書寫的格子有「田字格」、「米字格」和「九宮格」。

　　它們各有千秋，田字格把字的結構分成四部分，優點是中心點很清楚；米字格在撇捺的處理上會好一點，但是直線斜線交錯對視覺不好；九宮格把字的區塊分為九個，臨寫時較容易掌握字形，所以使用較普遍。

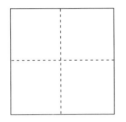 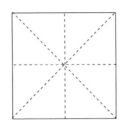 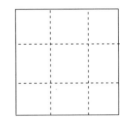

(二)毛筆的執筆法

　　執毛筆要做到「指實」、「掌虛」、「腕平」、「掌豎」。「指實」是五指執筆穩實，但不僵硬，不僵硬才能靈活，穩實才不會浮滑。「掌虛」是指指掌之間形成一個空間，才好靈活運筆。「腕平」是指手腕平放桌面或懸肘與桌面平行。一般運腕方式有：「枕腕」是左手在右腕下，或放於桌面；「提腕」是肘放於桌面，手腕提離桌面，使運腕比較靈活；「懸腕」是腕肘都離桌面。這種方式揮灑自由，適合寫大字和行、草字。兒童初習書法從枕腕、提腕開始較為合適。

　　執筆方式兒童初學以「雙鉤法」（如下頁圖）較適宜。行筆中則要注意筆管是否垂直，執筆正確才能寫好字。

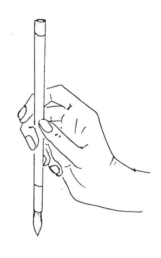

(三)認識書體的演變

　　中國歷史悠久，幅員廣大，書體經過前人不斷的改進、創造，慢慢的形成今天的字體。而古代的字書，仍然留下很多，所以今天可以看到許多不同的字體，這些字體也豐富了我們的書法藝術。目前由留下的文字裡，可以了解中國文字的演進過程。

1. 甲骨文

　　甲骨文是商朝王室所記錄的直接史料，甲骨文的字書刻在龜甲或獸骨上，它的書法風格多半是挺拔峻利與金文圓渾古樸的風貌不同。

2. 金　文

　　又稱鐘鼎文，是商周間的文字，它是鑄在銅器上的銘文。較有名的是「散氏盤銘」。

3. 篆　書

　　篆書分大篆和小篆。

⑴**大篆**：是秦以前的文字，相傳是周宣王犬史籀所作，其後盛行於西秦，大都是石刻的文字，所以又稱石鼓文。這種字體比金文端整，比小篆繁複。較有名的字有秦公殷，清吳昌碩的石鼓文也很有名。

⑵**小篆**：相傳是秦統一六國以後為統一文字，由丞相李斯取大篆改變它，所以筆畫比大篆簡單。較有名的大篆有李斯的嶧山碑、泰山刻石、瑯邪臺刻石等，唐李冰陽、清趙之謙、鄧石如的小篆，都是很好的作品。

小篆的字體由方體變為長方形，講求的是筆畫首尾粗細一致，分間布局要均勻，形體左右相稱及重心平衡。

4. 隸　書

隸書相傳由秦始皇時程邈等人所整理，將當時通行的小篆筆畫加以減省整理，使書寫更簡易。

隸書大體可分為古隸和八分，凡秦漢時代波磔不甚顯露的隸書都屬古隸。例如：魯王刻石；而筆畫形態具有蠶頭燕尾、波勢明顯的隸書則屬於八分書。但都統稱為隸書。

5. 草　書

草書的起源很早，但正式成為一種書體則在東漢。歷代草書可分為：章草、今草、狂草三類。

章草盛行於漢章帝，是以名之曰章草，它的筆畫較為接近人分，一字之中筆筆獨立。今草即今通稱之草書，其字體點畫連帶特別多，每字多連筆寫成，也有數字連寫的。狂草是在今草書體之外，更狂恣放縱的一種草書，其結構也狂怪野逸而富變化。

6. 楷　書

楷字原指楷模法之意，它至漢末三國時代才漸成形。唐代的

楷書最為有名。歐陽詢、顏真卿、柳公權皆是唐朝人，此外宋朝的楷書也很有特色。

7.行　書

行書是一種介於楷、草之間的書體，兼有楷書的嚴謹和草書的流暢。王羲之父子的成就最大。

三、如何為兒童選字帖

字帖分為碑和帖。

(1)**碑**是由石碑上拓下來的。如：曹全碑、乙瑛碑、嶧山碑等。

(2)**帖**是書寫於絹紙上的。如：寒食帖、赤壁賦等。

由於中國的歷史悠久，加上文化發展的很早，所以今日留下的碑帖很多，就時間上來說有甲骨文、金文、石鼓文、大篆、小篆、隸書、楷書、草書、行書等不同。

就人物上來說，即使時代相同但是人物不同，書體也不同，如歐陽詢、柳公權、顏真卿、虞世南都是唐朝人，但是書法的方法也不一樣。

在古代留下的字帖很多，在眾多的帖裡，如何為兒童選字帖是很重要的工作。過去書寫者把書法當藝術，所以不太在意字是否寫得正確，但是我們兒童正在學習認字的階段，如果讓他們學了不正確的字，容易誤導他們，所以為兒童選字帖是老師的一件重要工作。

一般我們為兒童選字帖的原則是：

(1)字帖中的字是寫的正確的、易懂的，沒有奇特的字或是變形的字。

(2)以唐朝楷書為主，唐楷較方正。一般兒童寫書法從唐楷入手。唐朝寫楷書的有柳公權、顏真卿、歐陽詢、虞世南。

(3)以方正的大楷字為主。

(4)以兒童硬筆字的筆意來選擇字帖。

四、書寫筆畫名稱

過去書寫筆畫有「永字八法」，其實只這八畫是不夠的。如今粗分為以下二十四種，至於筆畫名稱，各家用詞不同，較普遍的用法如下：

筆畫	名稱	例字	筆畫	名稱	例字
、	點	主、江	フフ	橫豎	口、日
一	橫	十、王	フ	橫豎鉤	月、永
丨	豎	中	フ	橫撇	水、今
丿	撇	人、木	乚	豎挑	展、民
乀	捺	大、又	乚	豎彎	七、化
乀	挑	提、地	乙	撇挑	云、去
亅	豎鉤	小、水	乙	橫折彎鉤	九、旭
亅	彎鉤	家、手	乙	豎折	山、區
乚	斜鉤	我、成	勹	豎橫彎鉤	弟、姊
乚	豎彎鉤	毛、兔	乁	橫折橫撇	建、廷
乛	橫鉤	蛋、罕	乁	橫左弧鉤	飛、汽
乀	臥鉤	心、惠	乀	橫捺	遠、近

五、書法的運筆方法

(一)逆鋒與回鋒

逆鋒用於起筆,回鋒用於收筆。在折筆右行之前,須先向左輕擠,蓄勢而發,這種欲右先左的起筆方法,謂之逆鋒。待行筆至筆畫盡處要向左回筆提收,這種反向回筆的收筆方法,謂之回鋒。

(二)藏鋒與露鋒

運筆時,把筆鋒藏在筆畫之中,不使鋒芒外露,看不到起止的痕跡,便是藏筆,逆鋒乃所以藏其頭。藏鋒的點畫,精神內蘊,含蓄俐落;露鋒的點畫,鋒芒外曜,顯得拖沓虛浮。

(三)中鋒、側鋒與偏鋒

運筆時,筆鋒與紙面幾呈垂直,筆尖運行在筆畫中央,不偏不倚,是為中鋒,或稱為正鋒。行筆時筆尖不在筆畫中央,側在一邊,是為側鋒。與側鋒相似而不相同的是「偏鋒」。中鋒的字多圓,側鋒的字多方,偏鋒卻是病筆,要避免。

(四)提筆與按筆

點畫的粗細變化,主要關鍵在於筆鋒運行時「提」和「按」兩種動作。如寫豎畫,落筆時用力下壓,筆畫便粗,向下行筆時,又慢慢上提過了中央點,即由提轉按,漸按漸粗,至筆畫盡

處再行收筆。這樣按了又提，提了又按，寫出來的筆畫自然豐圓而多變化。

㈤方筆與圓筆

　　方筆在起筆時，藏鋒向左上逆入後，折而向右下頓筆，筆畫之左上已呈方角，下頓時筆鋒的運行路線是直線的。圓筆則不然，起筆時藏鋒，向左上方入筆，轉而向右下輕頓，再勒而右行，其筆畫運行路線都是彎曲的弧線，有轉無折，環轉無端，其所形成軌跡便是圓的。

六、書法教材與教法

　　書法的教材包括：

(1)認識書寫工具的使用。

(2)認識書體的流變。

(3)認識各種書體的書寫技巧。

(4)認識書法的藝術性。

(5)認識歷代有各碑帖及書法家。

　　書法的教法則需注意以下幾點：

(1)重視基本筆畫的訓練。

(2)運用圖解教具的說明。

(3)編寫循序漸進的教材。

(4)設計教學活動。

(5)用趣味的教學法引起學生學習的興趣。

(6)在評量上不要苛求。

(7)多給予讚美和鼓勵。

七、書法敎學的過程

㈠準備活動

1. 確立敎學目標

要先了解學生的程度、上課的時數、敎材的內容，然後訂定一個可操作、可評量的敎學目標。

2. 準備敎學用具

敎師部分：準備九宮格板、範字、文房四寶。

學生部分：在前一天要學生準備書寫工具。

㈡發展活動

1. 引起動機

2. 提出書寫的字

今天我們要寫有撇、捺的兩個字，就是「天」和「久」。

3. 說明字體結構

「天」字上兩橫的長度不一樣，它們不可相差太大，但又不可以等樣的長度，也就是說要注意兩橫間的距離，如果距離相差太遠，像「天」就不好看了；如果上一橫長，下一橫短也不好看，像「天」。所以兩橫長短的安排是很重要的。一般都是第一橫略短，第二橫長一些，像上圖之「天」字。「撇」的寫法是開始落筆要在第一橫的左方，起筆要先寫直畫，接近第二橫時，開始向左方撇出；捺從第二橫的地方向右下方推出，要注意撇和捺之間的角度和平衡，最後收筆要在同一線上，字才能四平八穩。

「久」字第一筆要向左下方寫成撇，第二筆橫折撇略往右上方提起，第二筆的撇和第一筆的撇要保持平行，由於撇、捺的交集點在靠右的地方，要注意落筆處。撇、捺的角度要大一些，因為撇、捺的交集較低所以角度大一些。此外，「久」字最後的捺收筆要比撇低一些，因為如此才能使一個字看來平衡。

4.示範運筆方法

「天」的橫畫和基本的寫法一樣，收筆處微頓，要比起筆處略粗一些，撇起筆處用等量的力，在轉折處稍稍用力再提起，就會產生自然的撇畫。

「久」的撇畫起筆要回鋒輕落，慢慢推出，一面推一面輕

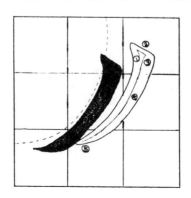

壓,轉彎處再提起。

5. 學生書寫時,教師巡視並給予指導

有時抓著學生的手來書寫效果很好,而且隨時給予讚美,也可以收到很好的效果。

㈢綜合活動——講評及欣賞

學生書寫之後,在一節裡要留下七、八分鐘來做講評。因為講評不只是一種鼓勵,也是一種學習。這時可以先選擇一般學生的作品來做講評,再選擇較好的作品來比較。講評時要多予讚美鼓勵,而且用具體的讚美,說明筆畫的正確、行筆收筆運用的巧妙,或是行氣結構的優美等。

八、常見行書的辨認

國語科新課程標準分段目標裡,高年級在寫字部分有四項:
(1)正確的寫字姿勢和方法。
(2)認識毛筆字的筆勢、間架形體和墨色。
(3)行書的辨認。
(4)培養欣賞、臨摹碑帖的興趣。

這其間「行書的辨認」在教學上較為獨特。因為行書是一種介於楷書與草書之間的字體,它是帶楷書的筆畫與結構,但是寫起來流動而快速,目的在方便書寫的速度。在書寫中有些變化要對學生說明。例如:(1)改變筆順;(2)增減筆畫等。這部分教學只要給學生辨認常用的字形,說明行書的特色即可。

第十一章

教案的編寫

　　「教案」就是「教學活動設計」。學校教育是有計畫、有系統、有目標的教學活動，老師在課堂裡，有特定的學生，有一定的課程和進度，教師必須要有計畫的安排，才能使教學有效率。

　　教一個新單元之前的計畫，就是所謂的「單元活動設計」。概括來說，單元活動設計是：

(1)一種思考的工作。

(2)各種教學原則的綜合應用。

(3)一種有計畫的教學運用。

(4)一種以達到預期教學目標的教學活動。

壹
每一單元教學時間的安排

　　教一課課文要花多少時間？這是沒有定論的，因為課文有詳略的不同，學生有優劣的差異。學生學習有深淺的差別，所以可快可慢，但是教室的教學是經過設計安排的，所以在教學時間上需要有一定的安排。一般說，小學一學期有二十一週，除去開學、結業，外加三次月考，應該還有十六週，一週上課九節課（低年級為十節課），應該有一百四十四節課，除了二十一課課文，每課約有七節課的上課時間，一節四十分鐘，一課則有二百八十分鐘來上課。以混合教學法來安排，每節課的教學重點分別是：

第一節：生字新詞的講解。

第二節：課文內容深究。

第三節：課文形式深究。

第四節：說話教學。

第五節：作文教學。（一學期七至八篇，每三課寫一篇作文）

第六節：寫字教學。

第七節：綜合活動（復習、整理、評量等）。

　　以七節課安排的目的是以讀書為核示，從字詞教學，內容深究到形式深究一氣呵成。然後從課文中找說話教材，也可以把說話教學當口述作文訓練，然後寫作文。第七節綜合活動是教學中很重要的一部分，它是在上完一課之後，做整理歸納、應用練

習、評量訂正的工作。學生能運用所學的，才算是真正的學會
了。

● 貳

教學研究

教學研究是單元活動設計中，重要的一部分，它的範圍很
廣，要研究「教材」、「教法」和所教「對象」，簡單的來說，
它應包括：教材分析、教學重點、學生經驗和各科的連絡教學。

一、教材分析

教師在教學時，對教材能充分掌握，教學才能靈活運用，所
以教學的第一件工作就是分析教材。

分析教材的方式，首先要找出每一課課文的**重點**、**特點**和**難
點**。

「重點」就是這一課的主旨大意，課文在說什麼？作者寫這
一篇文章的用意是什麼？我們要在這一課裡學到什麼？歸納起
來，就是指課文的「知識、精神、主旨」部分。

「特點」是這一課課文的寫作方式是什麼？作者用什麼寫作
技巧來表現？文章中遣詞用字的技巧？也就是指課文的「文體、
取材、特色」的部分。

　　「難點」是指學生在學習這一課生字、新詞和課文內容時有哪些困難之處？是不是有些生字在認識書寫上有困難？是不是文章內容在講述上有困難？哪些地方要用教具來補救？哪些地方要加強說明？就是指「字詞、句型、文章結構、認知上的難處」。

二、教學重點

　　國語科的教學重點是：讀、說、寫、作，混合教學以讀書為核心，然後從課文中，設計說話教材的內容是什麼？作文教材的內容是什麼？寫字教材的內容是什麼？這是在寫教案時，同時要考慮的重點。

三、學生經驗

　　在學習策略上，從舊經驗到新的認知，這樣的學習可以收事半功倍的效果。居住在阿里山上的學生對於〈阿里山看日出〉這一課，可以比一般城市的兒童更容易了解，在講解上可以省下一些時間來加強其他的課文；而居住在淡水河的學生則對〈懷念的淡水河〉有特別的情感，講解也可以簡單些。但相反的，對於生活在海邊的孩子，在教〈阿里山看日出〉時，則要加一些圖片的說明，才能收到較大的成效。因為對於學生從未見過的事物，就成了教師教學上的難點，要特別的花時間來說明才可以。這就是為什麼教學前對於學生的經驗要充分把握的原因。

●叁
設定教學目標

　　教學目標是教學中重要的工作，事前預設了目標，教學就可以依據目標來進行，否則漫無目標，恐怕一節課過去了，教學的成效卻無法掌握。為了教學有成效，在教學前設定教學目標是很重要的工作。

　　教學過程中有「單元目標」，就是教一課課文的重要目標，為了使這一單目標能具體而可行，於是依據單元目標，再設一個「具體目標」。

　　編訂「單元目標」要注意以下幾項原則：

　(1)需符合國語科的教學目標，包括聽、說、讀、寫、作的內容。

　(2)每一個目標要有其適當的範圍和重點。

　(3)要以「肯定的語氣」定出目標，模稜兩可的目標會使教學效果打折。

　(4)以學生學習結果的表現為主，是要學生「能」什麼？「會」什麼」？而不只是「輔導」學生做什麼？

　(5)教學目標要兼顧「認知」、「技能」、「情意」三部分。

　(6)單元目標以不超過十項為宜。

　　編訂「具體目標」則要注意以下幾項原則：

　(1)每一項具體目標都是依據單元目標來設立的。

(2)每一單元目標下，依其複雜性及學生的需求而列項。

(3)每一具體目標要符合絕對具體可行、可操作、可測量的條件。

(4)每一個具體目標都是一個行為和一個可預期的結果。

肆
教學活動的流程

　　教學活動的流程，包括教學進行方式和教學的內容，所以教案的編寫，是以行動目標式教學設計為原則。在編寫行為目標的教學活動設計前，首先要認清目標的功能及其限制，任何一種理想與方法，必有其特殊的功能與優點，但也有它不可克服的限制和缺點。教案編寫是一種頗費思考的工作，需注意各種教學原則的綜合應用。

　　國語科以混合教學法為主，就時間的分配，一課課文的授課時間約是七節課，這七節課的時間要教什麼？要怎麼教？這就是教學流程。教學雖是藝術，並無定法。可是就過去教師的授課經驗，混合教學用以下的方式進行可以收到較好的效果。茲分析如下：

一、準備活動（師生課前的準備工作）

　　教師部分：準備新課程的教具與相關的資料，包括生字卡、新詞卡、問題條、圖片、錄音帶、錄影帶等，視課程的需要而設。

　　學生部分：預習課文、蒐集圖片等相關資料。

二、發展活動

第一節（重點是生字、新詞的講解）

⑴**引起動機**：以輕鬆的方式引起學生喜歡上這一課的興趣。

⑵**概覽課文**：低、中年級可用朗讀方式，高年級則以默讀為宜。

⑶**摘取課文大意**：當學生不會摘取大意時，老師可以提出一兩個問題讓學生回答，從問題的答案裡找出課文大意。

⑷**提出新詞生字**：把握由詞入字的原則。低年級可由老師就課文裡提出生字，中、高年級可由學生自己準備的生字卡提出生字。

⑸**講解生字新詞**：說出生字的形、音、義，並講解筆順和寫法。

⑹**寫「習作」生字新詞部分。**

第二節（重點是課文內容深究）

(1)**念讀課文**：可以用集體讀、分組讀、個別讀的方式，低年級也可以由老師範讀或領讀的方式。

(2)**講解課文**：老師就讀文逐字逐句的說明，因為有些詞不是生字所帶來的新詞，但是它卻是學習經驗中的新詞，老師要加以說明。所以講解課文不但是對課文字詞的復習而且是推演。

(3)**提出討論問題**：針對課文內容，就知識性的部分提出需要討論的問題，可以由老師提出也可以由學生提出。

(4)**深究問題**：一般用討論的方式，可以分組討論、共同討論，在深究課文內容的前一天，可以在預習作業中，讓學生蒐集相關的資料。

(5)**說明感想與心得**：深究課文內容後，讓學生說出自己的讀後心得或感想。心得是指就讀後所得到的知識，感想是讀後對課文內容所產生的聯想。

(6)**朗讀課文**：又稱美讀，因為對課文已經了解，可以揣摩作者之意，以充滿感情的方式讀出課文。

(7)**寫「習作」內容深究部分。**

第三節（重點是課文形式深究）

(1)**朗讀課文**：用美讀的語氣來讀課文。

(2)**說明文體**：說明課文屬於什麼文體。

(3)**講解課文分段大意**：由學生讀完一段，說明一段的大意，老師再補充。

(4)**說明課文組織結構**：可以用圖解方式，說出課文的寫作方法是先說、再說、後說的結構法，或是用起、承、轉、合的表現方法。

(5)**練習句型**：提出課文中特殊的句型，或是未曾學過的句子加以練習。

(6)**加強字詞的分析和講解**：對於課文中的字詞難懂的、難寫的，或是有破音字，或是形似的字，或是音近的字提出來加以練習。

(7)**寫「習作」形式深究部分。**

第四節（重點是說話教學）

(1)**復習課文的內容。**

(2)**提出說話主題**：從課文內容提出說話課的教學主題。

(3)**討論說話方式**：由討論、演說、報告、說故事等方式進行。

(4)**進行說話教學**：教師隨時給予指導語音、語詞、語法的正確使用。

(5)**教師講評**：教師的講評是教學中很重要的工作，是學生學習的重要部分。

第五節（重點是作文教學，其實這部分要分三節課來完成）

(1)**復習課文的寫作大綱**：從課文形式深究中找課文寫作大綱。

(2)**提出作文題目**：中、高年級可以由師生一起提出。

(3)**模仿課文形式，列出寫作大綱**：這是仿作法的教學過程。

(4)**試說寫作內容，老師加以修正**：適合中年級，高年級則視兒童能力而定。

(5)**學生寫作**：學生寫作大約需要一節課的時間，本教案只安排一節課，其實新課程標準每一學期中高年級只要寫七到十篇作文，亦即教三課才寫一篇作文，也就是說寫一篇作文可以有三節課的時間，我們便可以安排第一節課口述作文，第二節課書寫作文，第三節課修改和欣賞作文。

(6)**修改講評**：可在課堂集體共同修改作文，利用投影機設備，讓兒童看著老師修改，可以了解自己寫作上的缺點，也可以預防寫作上的毛病，這種方式效果很好。

第六節（重點在寫字教學）

(1)**復習生字新詞**：由於混合教學法的寫字教材從課文中取得，所以復習課文裡的生字新詞是為了方便提出書寫的字詞。

(2)**提出書寫字詞**：書寫提出的字以同部首或同結構的字，較方便講解字形結構，而且提出來的字以不超過三個字為宜，因為字太多，講解字形結構和書寫方法以後，則沒有練習的時間了。

(3)**分析字詞結構**：用教具輔助字形的分析。

(4)**講解運筆方式**：在講解運筆方法時，老師可以一面講解，一面做示範。

(5)**各自書寫，教師巡視指導**：學生書寫時，老師可以在行間巡視，看學生書寫，同時給予鼓勵和修正。

(6)**教師講評和欣賞學生作品**：書法是技藝也是一種美育的課

程，給予讚美和鼓勵是很重要的，這個部分在書法教學中一定要完成它，學生在講評中學習書寫技法，在讚美中獲得信心。

三、綜合活動

第七節

(1)**整理歸納**：一課課文分散在六節課上，學生經過幾天的時間，在結束前做一番整理的工作，可以加深學生的印象，歸納重點則可以使學生容易記憶。

(2)**應用練習**：在教完一課之後，教師增加一些補充教材，可以使學生學得更多，或是出一些作業給學生練習，可以加深印象。

(3)**評量訂正**：評量是為了考查學生的學習效果，作為老師改進教學之用。而且評量可以了解學生學習不佳之處，加以訂正。

一般教案分「詳案」和「簡案」，詳案是記載出教學過程中，老師的動作和所說的話，並且預期學生的反應。初任教職的老師應寫詳案，經過一段時間後，有經驗而且熟記教學流程之後，則用簡案，簡案只是記載教學流程的綱要。

在編寫教案的同時，要注意每一個流程所需要的「教學資源」和所需要的「講授時間」，以及可以隨時做的「逐項評量」或「分段評量」的活動。

━━ 附 錄 I ━━

單元教學活動設計（中、高年級參考模式）

教學科目	國語科	教學年級	五年級
教學單元	歲暮	教材來源	國語課本第九冊第二十二課
教學日期	月　　日　　（星期　　）		

<table>
<tr><td rowspan="9">教學時間</td><td>總時間</td><td>節次</td><td>各節分鐘</td><td colspan="4">各　　　　節　　　　重　　　　點</td></tr>
<tr><td rowspan="8">280'</td><td rowspan="8">7</td><td rowspan="8">40'</td><td colspan="4">(一)大意、生字新詞</td></tr>
<tr><td colspan="4">(二)內容深究、朗讀</td></tr>
<tr><td colspan="4">(三)形式深究、句型練習</td></tr>
<tr><td colspan="4">(四)說話教學</td></tr>
<tr><td colspan="4">(五)作文教學</td></tr>
<tr><td colspan="4">(六)寫字教學</td></tr>
<tr><td colspan="4">(七)綜合活動</td></tr>
</table>

教學研究	一、教材分析： 　1.本課的重點是在描寫一個返鄉的旅客，在寒風冷雨中的感受，雖然很苦，但是想起離開很久的父母，以及家裡的溫暖，便加緊步伐趕路回家，也不覺得寒凍之苦了。（重點） 　2.本課特點是一篇新體詩，其中採用許多排比的語句，讓課文讀起來更琅琅上口。（特點） 　3.本課難點是在於兒童年紀尚小，可能很多人都沒有離鄉許久的經驗，再加上交通的便捷，很難讓兒童有像課文中敘述的體驗。（難點） 二、教法研究： 　採用混合式的教學法，先由詞入手去學習生字，然後再用探究法，透過問題讓兒童領悟課文中的情景。配合「觀察法」、「仿作法」、「討論法」及以圖片展示，來深入課文內容。還可以用小組討論、講述、參觀錄影帶等方法。 三、教學連絡： 　1.說話教學：根據本課的中心思想，輔導兒童練習描述當歲

暮時節的情景，以及家中過冬的情趣。
2. 寫字教學：確切辨識本課生字寫法，並書寫上窄下寬的字「歲」「暮」。
3. 作文教學：依據課文內容，寫一篇「我曾經淋雨回家」的作文。
4. 與美勞課連絡，繪畫冬季裡外面寒風冷雨的情形。

單 元 目 標	具 體 目 標
1. 能摘取大意	1－1 能在一分鐘內讀完課文。 1－2 能說出課文大意是：「寒風冷雨打在返鄉遊子的身上，覺得又痛又麻；但想起父母親的期待和家的溫暖，再大再冷的風雨也不怕。」
2. 能認識本課生字、新詞	2－1 能認識本課生字：返、刀、扎、揪、刺、爐、沏、壺、彷、彿、淒、熔的形音義。 2－2 能說出「刺」、「壺」字形上要注意的地方。 2－3 能運用「返」、「刺」、「爐」、「淒」、「熔」造詞。 2－4 能正確寫出難字。例如：「爐」、「刺」、「壺」、「揪」、「淒」等字。
3. 能深究課文內容	3－1 能說出本課主旨是體會家的溫暖，並且要學習不怕困難、勇往直前的精神。 3－2 能探究遊子在寒風冷雨中，是什麼替他趕走寒意的。 3－3 能知道為什麼課文要安排遊子在寒風冷雨中趕路回家。 3－4 能說出讀後心得與感想。
4. 能深究本課形式	4－1 能說出本課文體是新體詩。 4－2 能說出各段大意以及歸納其先說、再說、後說。 4－3 能練習疊字的造句。例如：陣陣、颼颼、呼呼、高高興興。 4－4 能指出本課有哪些是排比句，並能練習創作排比句。 4－5 能分辨音同的字。例如：「沏」、「淒」。

目標號碼	教　　學　　活　　動	教學資源	時間分配	效果評量

（續上欄內容）

目標號碼	教　　學　　活　　動	教學資源	時間分配	效果評量
	4－6 能説明本課文章結構。			
5. 能朗讀課文	5－1 能用充滿家庭溫暖、幸福的情感朗讀課文。			
	5－2 在重複語句上能加重力量，使得音律和諧。			
	5－3 能知道課文節奏的快慢。			
6. 説話教學	6－1 能依據本課後段不怕困難，勇往直前的精神，説出有關不怕困難的故事。			
7. 能寫出左中右對等的毛筆字	7－1 能正確習寫「沏」、「揪」、「掛」等毛筆字。			
	7－2 能指出這些字在位置分配上是三等份。			
8. 能仿課文內容寫出記敍文	8－1 能依據本課內容的寫作方式，寫一篇作文，題目爲「我曾經淋雨回家」。			
	8－2 能擬訂寫作大綱。			
9. 情意部分	9－1 能體會家庭的溫暖和可愛。			
	9－2 能養成不怕困難的精神。			

目標號碼	教　　學　　活　　動	教學資源	時間分配	效果評量
	壹、準備活動： 　一、教師部分： 　　1.準備生字卡、新詞卡、問題條、長條卡。 　　2.蒐集月曆上有關冬天的情景圖片。 　　3.蒐集《國語日報》裡描寫冬天情景、家中情趣的兒童作品，供兒童參考。 　二、學生部分： 　　1.課前閱讀課本，嘗試摘取大意，研究本課生字、新詞。 　　2.蒐集課外讀物裡有關冬天情景的圖片，以及父母親關心子女的圖片。 　　3.師生共同合作，將蒐集的資料布置在教室中。			兒童能正確朗讀課文
1－1	貳、發展活動：	課本		

	一、引起動機： 　老師敍述念大學的時候，每到歲末時節，便要到台北車站大排長龍買票回家，一票難求以及火車上擁擠的情形。引導兒童進入本課，去探究返鄉的經過以及遊子的心境。 二、概覽課文： 　請兒童一起將課文默讀一遍，以了解課文的內容。 三、摘取大意： 　提出三個問題來引導兒童說出大意： 　1.在寒風冷雨中，這個遊客正要去哪裡？ 　2.爲什麼這個旅客覺得又痛又麻？ 　3.什麼因素使他再大再冷的風雨也不怕？ 　最後歸納整理報告大意： 「寒風冷雨一陣陣撲打在遊子身上，使他覺得又痛又麻；但想起離開很久的父母親，和家裡的溫暖，不由得加緊腳步，急急趕回去，再大再冷的風雨也不怕。」		5'	
2－1	四、提出並講解生字新詞： 　1.提出新詞：將準備好的新詞卡貼在黑板上。 　2.講解新詞：有加引號爲生字部分，要說明生字的形音義。（貼出生字卡） 　　(1)「返」鄉：回到故鄉。 　　　　返：ㄈㄢˇ，去而再來。 　　(2)針「扎」：用針刺進去。 　　　　扎：ㄓㄚ，插入、鑽入。 　　(3)「揪」著：用力拉扯的樣子。 　　　　揪：ㄐㄧㄡ，用手拉扯。 　　(4)刺：ㄘˋ，用尖的東西插入。 　　(5)歲暮：一年快要結束的時候。 　　(6)臉頰：臉的兩旁。 　　(7)雪花：雪片像花的形狀。 　　(8)牽掛：心中想念著人或事情。 　　(9)屋簷：屋頂邊緣下垂的部分。	問題條 新詞卡 生字卡	5' 30'	兒童能說出本課大意 兒童能說出並運用新詞 兒童能將生字造詞

	(10)爐：ㄌㄨˊ，用來燃燒取暖，炊煮的器具。			
	(11)「沏」茶：用開水沖泡茶葉。沏：ㄑㄧ，用開水沖泡。			
	(12)「彷」「彿」：好像、差不多。彷彿：ㄈㄤˇㄈㄨˊ，大概、好像。			
	(13)寒意：寒冷的感覺。			
	(14)「淒」冷：寒冷、悲涼寂寞的樣子。淒：ㄑㄧ，寒冷的樣子。			
	(15)「熔」化：用火將金屬化解成液體。熔：ㄖㄨㄥˊ，用火把金屬化解成液體。			
	(16)壺：ㄏㄨˊ，口小腹大，盛液體的器具。			
	五、寫部分習作：請兒童將習作第八十頁有關大意、生字部分寫完。			
	――――第一節完――――			
	一、念讀課文：一次請一位小朋友念一段課文，注意其發音、音調、音量等細節問題，立刻給予糾正。	5'		
	二、講解課文：老師一面念，一面講，對於語詞部分則解釋，順便復習新詞。課文的第二段是加強之處，是描寫歲暮寒風冷雨的詞句。	5'		
3－1	三、提出問題深究課文內容：老師提出六道問題，請全班分成六組，每組討論一題，最後各組派一位同學上臺報告，下面的兒童再補充。	20'		兒童音調發音正確能了解內容認真討論
	問題一：猜猜看為什麼返鄉的旅客要在寒風冷雨下趕路？追　問：(1)寒風冷雨是什麼樣的天氣？　　　　(2)歲暮返鄉要做什麼事情？		習作問題條	

	(3)爲什麼他不等天氣好點再趕路?		
3—2	問題二:你想在寒風冷雨下趕路會有什麼感受?		
	追　問:(1)寒風冷雨打在身上有什麼樣的感受?		
	(2)爲什麼課本說像刀割、像針扎?		
	問題三:返鄉的旅客爲什麼心裡感到溫暖起來?		
	追　問:(1)他想到媽媽會怎樣歡迎他?		
	(2)他的媽媽爲什麼要沏茶給他喝?		
	(3)你猜他媽媽會陪他說什麼話?		
	問題四:心裡的爐火爲什麼可以趕走寒意?		
	追　問:(1)心裡爲什麼有一爐火?		
	(2)心裡有爐火,真正表示什麼意思?		
	(3)想到溫暖的家對寒冷的天氣有什麼不同的感受?		
	問題五:說說看自己曾經沒有撐傘,在寒風冷雨下走路的經驗?(何時、何地、何因、結果、感受)		
	追　問:(1)想雨水打下的情形。		
	(2)於是有什麼樣的感覺?		
3—3	四、說出心得感想: 老師最後歸納以上的答案,再由兒童說出感想:到了歲暮,大家要返鄉過年。雖然是寒風冷雨,但是想起家裡,能夠看到親人,就覺得渾身溫暖,不覺得有寒意了。 本課討論完要給兒童的是「享受家庭溫暖是最幸福的」觀念,讓兒童親自去體會家庭的溫暖。	海報習作	10' 兒童踴躍發表 兒童能正確朗讀課文

	五、寫部分習作： 　請兒童寫習作第八十一頁，第五大 題讀後感想。 　　　　──第二節完──			
	一、輔導學生朗讀課文： 　老師用充滿家庭溫暖、幸福的情感 ，以及加重重複語句上的力量，帶 著兒童一起朗讀，最後請兒童起來 念，老師加以指導。		5'	
4─1	二、説明文體： 　師生共同討論本課是屬於新體詩， 押ㄚ韻。描寫一位歲暮返鄉的旅客 ，在返家途中所見的景物，以及內 心種種思鄉情緒。			
4─2	三、分段大意：請兒童舉手發言（先 　説→再説→後説） 　第一段：一個旅客在風雨中急急趕 　　　　　路回家。 　第二段：寒風冷雨打在身上，他覺 　　　　　得又痛又麻。 　第三段：爲了不讓父母牽掛，還是 　　　　　趕快回家。 　第四段：想起媽媽會提著燈，沏著 　　　　　茶歡迎他。 　第五段：心裡彷彿有爐火，再大再 　　　　　冷的風雨也不怕。	長條紙	15'	兒童能説 出本課文 體 兒童能正 確發表 兒童能正 確練習
	四、講解文章結構： 　全班共同討論全文共有五小段，歸 類爲三大段。 （原文第一段）先説：寒風冷雨下 趕路的人。 （原文第二、三段）再説：寒風冷 雨下的感受。 （原文第四、五段）後説：寒風冷 雨下想到母愛心理的溫暖。		15'	
4─3	五、句型練習： 　1.讓兒童找出描述情景以及心情的 　　句子，分組競賽，看哪一組找得 　　又快又正確。	習作		兒童能正 確回答問 題

2. 練習寫詩句：
　　原文：寒風呼呼的吹，冷雨颼颼
　　　　　的下。一個返鄉的旅客，
　　　　　急急的趕路回家。
　　例：微風輕輕的吹，細雨絲絲
　　　　的飄。兩個上學的同學，
　　　　匆匆的走路到校。

3. 照樣造句：
　　原文：這時候，媽媽正提著燈火
　　　　　，站在那矮矮的屋簷下，
　　　　　歡迎他回家。
　　例：那時候，老師正舉著旗子
　　　　，站在那高高的司令臺上
　　　　，指揮大家表演。

4. 替換語詞
　(1)原文：他要趕快（回家），別
　　　　　讓（父母牽掛）。
　　　例：他要趕快用功，別讓同
　　　　　學嘲笑。
　(2)原文：再（大）再（冷）的（
　　　　　風雨），他也不怕。
　　　例：再多再苦的工作，他也
　　　　　不怕。

5. 練習疊字的造句：
　「陣陣」、「颼颼」、「呼呼」
　、「高高興興」。

六、寫部分習作：
　　請兒童寫習作第八十一、八十二頁。

―――――第三節完―――――

一、復習課文內容：
　　老師提出以下三個問題，來喚起兒
　　童的記憶，復習課文內容。
　1. 在寒風冷雨中，這個旅客正要去
　　　哪裡？
　2. 為什麼旅客身上覺得又痛又麻？
　3. 什麼原因使他再大再冷的風雨也
　　　不怕？

6－1　二、找出說話的主題：
　　依據課文後段遊子不怕困難，勇往
　　直前的精神，說說有關不怕困難的

右欄（第二欄）：

問題條

兒童蒐集的資料

10'

5'

右欄（第三欄）：

兒童能應用講述的綱要，說故事

兒童能正確找出
兒童能仔細聆聽

	故事。 輔導兒童依據下列的綱要來說： 1.一件困難的事。 2.如何去處理這件事。 3.結果以及感想。 課前就請兒童去蒐集有關不怕困難的童話故事或真實人物的故事，根據講述的綱要，練習說故事。最後請三至四位上臺報告，臺下的兒童可以補充形容，老師也適時給予指導。 三、老師講評： 　老師對於上臺說故事的兒童，就其表情、語氣、內容……等方面，做一個講評，並且鼓勵上臺報告的兒童。		15' 15' 5'	

———————第四節完———————

	一、復習課文寫作形式： 　1.先說：「一個返鄉的旅客，在寒風冷雨下急急的趕路回家。」 　2.再說：「寒風冷雨一陣陣的撲打在身上，覺得又痛又麻，只為離開父母很久，要趕快回家。」 　3.後說：「心裡想到媽媽會提著燈、沏著茶歡迎他，彷彿有了一爐火趕走寒意，所以再大再冷的風雨也不怕了。」	作文簿 考卷	 5'	兒童發表意見 考試
	二、提出寫作大綱： 　1.先說：事情的起因。		10'	
8－1	2.再說：事情的經過。 　3.後說：對此事的感想。 三、提出作文題目： 　依據本課的教學目標之一「輔導兒童練習應用寒風冷雨的詞句」，所			
8－2	以定題目為「我曾經淋雨回家」。 四、模仿大綱的格式，說明寫作內容： 　1.事情的起因：描述天氣的變化以及為何沒有帶傘。 　2.事情的經過：一路上淋雨回來的		20'	

	經過，並且敍述被雨淋當時的感受。		
	3. 對此事的感想：說明這次淋雨回去的結果，以及內心的感想。	5'	
	五、書寫作文：請兒童依據以上的想法，寫在作文簿上。		
	————第五節完————		
	一、復習課文生字、語詞：老師用生字卡、語詞卡貼在黑板上，復習課文生字的部首、注音、意義以及語詞的運用。	5'	
7—1	二、找出左中右對等的字：老師請兒童上臺書寫課文裡，認爲是左中右對等的字，在全班檢討淘汰後，留下「沏」、「揪」、「掛」三字，皆是左中右對等的字。	5'	
7—2	三、說明文結構：| 沏	揪	掛	這三個字的比例均是 1:1:1，左中右都占相等的比例。 1.「沏」字要注意「氵」的均間，以及「刀」要比「七」和「氵」來得矮，「刀」要比「七」略大一些。 2.「揪」字則注意「扌」的橫要比「禾」的橫略高一些，結構才會好看。 3.「掛」字則要注意「扌」、「圭」、「卜」，起頭要幾乎在同一個水平線上，又「卜」的底部要比「扌」的底部略長一些。	15'	生字卡、新詞卡九宮格的小黑板文房四寶兒童能正確書寫小朋友一起評量兒童能正確發表
	四、學生書寫：兒童在書寫「沏」、「揪」、「掛」三個字時，要注意他們的姿勢、順筆、執筆方式，並且要糾正兒童，使其書寫乾淨，不要把紙、桌子弄得髒髒的。	15'	文房四寶長條紙長條紙題目條

五、欣賞講評：
老師挑出三位兒童的作品，請大家一起來欣賞品論，並且指出三位兒童作品的好壞，好的優點在哪裡，壞的缺點在哪裡，請兒童一一說出，藉此讓兒童相互競爭求進步。

5'

─────第六節完─────

叁、綜合活動：

一、整理歸納：
把課文做一些整理歸納的工作。

10'

1.課文是什麼文體？押什麼韻？
2.作者用了哪些想像的句子？用了哪些譬喻的句子？
3.整課課文的主旨是什麼？

二、評量訂正：
教師事先出好一份約十五分鐘的考卷，來評量學生。

10'

1.國字：「ㄈㄢˇ」鄉、刀「ㄅㄚ」、火「ㄉㄨˊ」、「ㄑㄧ」茶、水「ㄏㄨˊ」、「ㄈㄤˇ」「ㄈㄨˊ」、「ㄑㄧ」冷、「ㄖㄨㄥˊ」化。

2.注音：針「扎」、「雪」花、「揪」著、臉「頰」、屋「簷」、歲「暮」。

10'

3.選擇：
（　）1.歲暮酬賓是□□常用手法　①銀行　②商店　③郵局。

（　）2.雪花□□飄落，景色真美麗　①片片　②朵朵　③陣陣。

（　）3.媽媽每天□□著出國的姊姊　①懸掛　②常掛　③牽掛。

（　）4.和「沏」意思相同的詞是　①切割　②沖泡　③敲打。

（　）5.□□再大再冷的風雨也不怕　①如果　②不但　③就是。

4.照樣造句：

	這時候,媽媽正提著燈火,站在那矮矮的屋簷下,歡迎他回家。 5. 練習寫詩句: 　寒風呼呼的吹,冷雨颼颼的下。 　一個返鄉的旅客,急急的趕路回家。 二、綜合歸納: 1. 本課內容——描寫冬夜回家的遊子,由於想起家裡的溫暖,寒風冷雨都不怕。 2. 本課形式——新體詩,問兒童先說、再說、後說各分別說了什麼? 3. 本課有哪些字是左中右對等:揪、掛、沏。 4. 歲暮返鄉過年,跟家裡的人團圓,享受家庭的溫暖是最幸福的。因此,我們要愛家、愛國,愛自己的同胞。 ————第七節完————	標準答案海報紙	10'	兒童能回答出來

課文內容:（國立編譯館八十四年版國語第十冊）

歲　暮

寒風呼呼的吹,
冷雨颼颼的下。
一個返鄉的旅客,
急急的趕路回家。

雖然沒有飛舞的雪花,
寒風冷雨還是,
不停的在他身上撲打。
像刀割,像針扎,
揪著他的頭髮,
刺著他的臉頰,
一陣陣,一陣陣,
他覺得又痛又麻。

寒風呼呼的吹,
冷雨颼颼的下。
他只是低著頭,
腳步急急的往前踏。

離開父母這麼久了,
他要趕快回家,
別讓父母牽掛。

他心想:這時候,
媽媽正提著燈火,
站在那矮矮的屋簷下,
歡迎他回家。

她會生上一爐火,
沏上一壺茶,
高高興興的陪他說話。

他這樣想著,
心裡就彷彿有了一爐火
把冬天的寒意趕走,
把冬天的凄冷熔化。
再大再冷的風雨,
他也不怕。

附錄 II
單元教學活動設計（低年級參考模式）

教學科目	國語科	教學年級	二年級
教學單元	小老鼠救獅子	教材來源	第三册第二十二課(八十四年國編版)
教學日期	月　　日　　（星期　　　）		

教學時間	總時間	節次	各節分鐘	各　　節　　重　　點
	240'	6	40'	(一)看圖說故事。 (二)講述大意及研究生字新詞。 (三)朗讀課文及內容深究。 (四)形式深究。 (五)看圖作文。 (六)歸納整理。

教學研究	一、教材分析： 　1.本課是童話，敍述小老鼠報恩的故事，並藉故事的內容，說明寬以待人的道理。 　2.本課以敍事爲主，利用事實，托出兩種人物的個性。 　3.本課的內容是一般敍述故事的方式，先說故事發生原因，再說經過，最後說結果。 二、教學連絡： 　1.與唱遊課教學連絡教唱有關老鼠、獅子的歌曲。 　2.與自然課教學連絡，了解老鼠、獅子的生態習性。

單　元　目　標	具　體　目　標
1. 依照圖意說出故事內容	1—1 能用正確的語句，說出課文情境圖的內容。 1—2 能綜合各圖說出完整的故事內容。 1—3 能注意聽別人說，並懂得內容的意思。
2. 研讀本課課文，習說大意	2—1 能在三分鐘內，讀完本課課文。 2—2 能說出本課課文大意是小老鼠把獅子吵醒

單　元　目　標	具　　體　　目　　標
	了，獅子原諒他，後來獅子被獵人網住了，老鼠咬斷網子救了獅子。
3. 認識本課生字、新詞	3—1 能正確讀出本課生字新詞，並知道它的意義。 3—2 能正確寫出本課生字新詞的字形。 3—3 能正確說出本課生字的部首、筆劃及筆順。
4. 朗讀課文，並了解課文含義	4—1 能用正確而自然的語音讀出課文。 4—2 能正確解釋疑難詞句。
5. 了解本課體裁與結構	5—1 能說出本課是一則童話故事。 5—2 能說出本課課文分成四段，並歸納出各段大意。
6. 能辨別字形，並作練習	6—1. 能辨別「獅、師」，「爪、瓜」，「由、油」不同的地方。 6—2. 能用上列不同的字，作造詞練習。
7. 應用本課重要句型	7—1 會將「獅大王，您別怕，我來救您了」換句說話。 7—2 能應用「看見……就，一下子就，一定會」等練習造句。
8. 依圖意寫短文	8—1 能說出各圖的內容。 8—2 能綜合各圖說出完整的故事內容。 8—3 能用短短的文句，把圖的意思寫下來。 8—4 能說出此篇短文的主要含義。
9. 了解寬以待人的處世態度。	9—1 能舉出原諒別人或受別人原諒的實際例子。 9—2 能說出原諒別人的好處。

目標號碼	教　學　活　動	教學資源	時間分配	效果評量
	壹、準備活動： 　一、教師準備： 　　1. 蒐集有關老鼠和獅子的圖片。 　　2. 繪製看圖說故事圖片。			

目標號碼	教　學　活　動	教學資源	時間分配	效果評量
	3. 製作生字新詞、句型練習、長短牌。 二、兒童準備： 1. 蒐集老鼠和獅子的圖片。 2. 預習課文。 貳、發展活動： 一、引起動機： 1. 揭示獅子、老鼠生態圖片。 2. 教師發問：獅子、老鼠的模樣及生活習性是怎麼樣？			
		圖片	5′	
1－1	二、看圖說故事： 1. 觀察欣賞： (1)教師依序揭示圖片於黑板。圖片內容如下： 圖一：淘氣的小老鼠，趁獅子睡著的時候，爬到獅子身上玩。 圖二：獅子被吵醒後，生氣的把小老鼠捉住，小老鼠哭著請求獅子放了他。 圖三：獅子掉進獵人的陷阱，很傷心的吼叫。 圖四：小老鼠把網子咬破，救了獅子。 (2)指導兒童逐圖觀察，教師提示重點。 圖一：獅子正在做什麼？ 圖二：①獅子為什麼生氣？ 　　　②獅子生氣起來會怎樣？ 　　　③小老鼠怎麼求獅子？ 　　　④獅子如何對小老鼠？ 圖三：獅子發生什麼事？ 圖四：①小老鼠來做什麼？ 　　　②獅子會對小老鼠說什麼？ 2. 講述圖意： (1)分圖講述：指名學生根據指示，試說圖意。 (2)每幅圖均由師生共同補充訂正。	四幅圖	5′ 10′	能依提示說出各圖內容

目標號碼	教 學 活 動	教學資源	時間分配	效果評量
	(3)教師逐圖歸納講述一次。		10'	能依圖意，有組織、有程序講述故事內容
1-2 1-3	3. 練習講述：指名兒童上臺講述。 4. 欣賞批評： (1)師生共同欣賞批評。 (2)教師講評。		10'	能態度從容、語調自然、流暢的講述故事內容
	——第一節完——			
2-1	三、概覽課文： 1. 由老師領讀。 2. 學生分組讀，個別讀。			能正確迅速的閱讀
2-2	四、講述大意： 提問問題：由教師提出問題，提示學生思考大意。 1. 獅子爲什麼捉住小老鼠？ 2. 小老鼠被獅子捉住，感覺怎樣？ 3. 獅子爲什麼放走小老鼠？ 4. 小老鼠怎樣報答獅子？	長　牌	10'	能正確說出本課大意
	五、教師歸納大意： 本課大意如下：小老鼠弄醒了獅子，獅子看他可憐放了他。後來獅子被獵人網住，小老鼠咬斷網子，救了獅子。			
3-1	六、提出生字新詞： 1. 兒童逐段提出新詞，教師逐次揭示閃示卡。（生字用紅色寫出並注音） 2. 解釋新詞，再揭示生字。（揭示生字卡） 3. 本課生字新詞如下：	長　牌 中　牌 短　牌	27'	能正確讀出生字新詞
3-2 3-3				能說出生字新詞的意義注音

目標號碼	教　學　活　動						教學資源	時間分配	效果評量
	新詞	生字	部首	筆劃	解	釋			
	老鼠	鼠	鼠	13	嚙齒類動物、門齒發達（用圖示法）				
	救	救	攴	7	救援，救助				
	獅子	獅	犬	10	哺乳類動物，食肉類猛獸（用圖示法）				
	爪子	爪	爪	0	動物手腳的指甲（用圖示法）				
	弄醒	弄	廾	3	把別人從睡夢中吵醒				
	一邊哭	哭	口	7	因傷心而流淚，發出悲聲（用動作表示）				
	大王	王	玉	0	首領。地位、權利最高者				
	原諒	原	厂	8	不再責怪他人的錯誤（用例句表示）				
	報答	報	土	9	答謝別人的恩情（用事例說明）				
		答	竹	6					
	尖利	尖	小	3	頭小而尖利的東西（用實物表示）				
		利	刀	5					
	牙齒	牙	牙	0	動物嘴裡咀嚼食品的器官（用圖示法）				
	咬斷	咬	口	6	把上下牙合起來弄斷東西（用動作表示）				
	自由	由	田	0	隨自己的意思而動，不受限制（用例子說明）				

七、研討生字新詞：
　教師逐詞逐字按形、音、義同時指導原則，藉用圖片或實物加以說明。

八、寫部分的習作

————第二節完————

內容深究
4—1　一、朗讀課文：

圖片實物（教學資源欄）

15'（時間分配欄）

能依正確的筆順寫出生字來（效果評量欄）

目標號碼	教　學　活　動	教學資源	時間分配	效果評量
4－2	可領讀、範讀或由學生試讀。 二、講解課文： 　　老師一面念一面講解，同時復習生字新詞。 三、深究課文內容： 　　教師提出下列問題，指定學生回答，並共同補充訂正，教師加以歸納。 　　1.小老鼠被捉住時，對獅大王說了什麼？ 　　2.獵人捉住獅子會對獅子怎樣？ 　　3.為什麼獅子放了小老鼠？ 　　4.為什麼小老鼠要救獅子？ 　　5.你想小老鼠那麼小，怎麼能救「獅大王」？ 　　6.讀了這課，你有什麼感想？ 四、朗讀課文： 　　用美讀方法帶有節奏和抑揚頓挫的讀，也可以分角色朗讀。 ————第三節完————	長　牌	5'	能以正確的語音朗讀課文
			20'	能正確的回答問題
5－1	形式深究 一、文體： 　　本課是記敘文。是一則故事。 二、分段大意、課文結構： 　　先說：小老鼠弄醒獅子，獅子很生氣，捉住小老鼠。	長　牌	12'	能說出本課的體裁
5－2	再說：小老鼠哭著求獅子放了他，獅子看他可憐就放了他。 　　後說：獅子被獵人捉住，小老鼠咬斷網子，救了獅子。			能正確的說出分段大意
6－1	三、字形辨別： 1.獅（犭）—獅子。 　師（巾）—老師。 2.爪（爪）—雞爪。 　瓜（瓜）—香瓜。		5'	能正確的分辨「獅、師」；「由、油」；「爪、瓜」；「原

目標號碼	教　學　活　動	教學資源	時間分配	效果評量
	3. 由（田）—自由。 　油（水）—石油。 4. 原（厂）—原諒。 　源（水）—水源。			、源」
7—1	四、語句練習： 1. 換句說話（學生自由發表，教師歸納）： 　原文：獅大王，您別怕，我來救您了。 　換爲：①您別怕，獅大王，我來救您了。 　　　　②獅大王，我來救您了，您別怕。 　　　　③我來救您了，獅大王，您別怕。	長　牌	10' 3'	能做造詞練習 能正確換句說話
7—2	2. 造句： 甲、「……看見……就……」 　原文：獅子看見老鼠哭得可憐就放了他。 乙、「……一下子就……」 　原文：獅子一下子就把老鼠捉住了。 丙、「……一定會……」 　原文：我一定會報答您的。 五、輔導兒童完成習作第三、四、五大題。	板　書 圖　片	5' 5'	能正確運用句法，造出通順的句子
	———第四節完———			
8—1	看圖作文 一、口述練習（內容參照習作第七大題）： 1. 觀察欣賞： (1)教師依序揭示圖片於黑板上，圖片內容如下： 圖一：住在都市的老鼠到鄉下去拜訪鄉下老鼠。	圖　片		能認真仔細的觀察，正確的說出圖意

目標號碼	教　學　活　動	教學資源	時間分配	效果評量
	圖二：鄉下老鼠招待都市老鼠吃蔬菜水果，都市老鼠覺得很難吃。			
	圖三：都市老鼠決定帶鄉下老鼠到城市來大開眼界。			
	圖四：都市老鼠請鄉下老鼠吃豐富的晚餐，鄉下老鼠驚喜萬分。			
	圖五：都市裡的人們都討厭老鼠，正在進行滅鼠工作，兩隻老鼠嚇得逃進洞裡。			
	圖六：經過這次的城市之旅，鄉下老鼠還是覺得住在自己的家好，舒服又自在。			
8—2	(2)指導兒童觀察，並注意教師提示的重點： 圖一：①兩隻老鼠有什麼不一樣？ ②他們到了哪裡？		8'	能完整、有秩序的說出故事內容
	圖二：他們在吃什麼？感覺怎樣？			
	圖三：誰帶誰到哪裡？			
	圖四：他們又吃了什麼？兩隻老鼠說些什麼話？			
	圖五：發生什麼事？			
	圖六：最後結果是什麼？			
	2. 講述圖意： (1)學生逐圖講述。 (2)教師逐圖補充歸納並講述一次。		10'	
8—3	二、習寫作文： 　教師說明寫作要點，分段、標點、注意事項。		15'	能正確、有條理的把故事內容寫出來
	三、欣賞批評： 1. 教師可將優等作品讀出，供兒童欣賞。 2. 教師歸納講評。		2'	能欣賞他人作品，並指出優缺點
	————第五節完————			
9—1	叁、綜合活動： 　一、歸納整理：		15'	能正確回

目標號碼	教　學　活　動	教學資源	時間分配	效果評量
9－2	1. 朗讀課文。 2. 教師提問兒童日常生活中，曾經原諒別人或受他人原諒的經過。 3. 師生共同討論原諒別人的好處。			答老師的問題；能正確說出原諒別人的好處；能將原諒與報答適當的運用於日常生活中
9－3	二、練習應用： 　輔導兒童完成習作第一大題及第二大題。 三、效果評量： 　作單元測驗。	測驗卷	10' 15'	能正確完成習作 完成單元測驗

————第六節完————

課文內容：（國立編譯館八十四年版第三冊第二十二課）

小老鼠救獅子

　　有一隻淘氣的小老鼠，看見獅子睡著了，就從獅子的爪子上，爬到他的鼻子上，把獅子弄醒了。獅子很生氣，用爪子一下子就把小老鼠捉住了。

　　小老鼠嚇壞了，一邊哭，一邊說：「獅大王，請不要吃我，我的身體這麼小，不夠您吃一口的。原諒我一次，我一定會報答您。」

　　獅子看小老鼠哭得可憐，就放了他。

　　過了不久，獅子被打獵的人捉住了，放進網子裡，一動也不能動。

　　正在這時候，小老鼠來了，他小聲對獅子說：「獅大王，您別怕，我來救您了。」說著，他就用尖利的牙，很快的把網子咬斷，獅子就得到自由了。

第十二章

作業指導與教學藝術

壹

作業指導

作業是學生課前、課後自我學習的有效方法，語文教學的作業包括：**預習的指導、習作的指導**和**家庭作業的指導**。

一、預習的指導

預習是學前的準備工作，上一課之前先做預習的工作，學生在上課時先有了概念，學習起來比較容易進入情況。一般的預習都是以認識生字為主，除了查字典預習生字之外，我們也可以要學生對課文的內容做一番的閱讀，讓學生畫出重點，或是就課文內容提出問題。對於不同年級的學生可以有不同的要求。

在作法上，我們可以用以下方式進行：

(1)**查字典**：寫出生字的音和義，讓學生勤用工具書。

(2)**閱讀課文**：說出課文內容在說什麼，讓學生多做思考。

(3)**畫出重要的句子**：畫出在這一課中的重要句子，測試學生的語文能力。

(4)**找課外補充資料**：給個小題目，讓學生從報紙、雜誌中找一些相關的資料。

(5)**從補充教材或課外閱讀中尋找重要語詞或句子等，為作文教學預習**。

二、習作的指導

　　教完一課課文之後，能讓學生通過各種作業練習、復習，把學過的知識和技能透過綜合運用，而達到熟能生巧的境界。

　　其次，經過了習作練習，可以增進學生的讀寫能力，培養學生分析綜合的能力，以啓發智力。

　　目前國語習作內容很豐富而且多樣化，按照形式及內容來分，大約可以分為以下十一項：

　　(1)課文大意。

　　(2)部首練習。

　　(3)生字形、音、義的練習。

　　(4)詞語、短句的練習。

　　(5)句的練習。

　　(6)標點符號的練習。

　　(7)課文內容的深究。

　　(8)課文形式的深究。

　　(9)作文練習。

　　(10)資料檢索的練習。

　　(11)引申題（課外教材）。

　　摘取大意是語文學習中重要的一環，這個教學的目的在訓練學生掌握閱讀過後對文章內容能提綱挈領，說明大意的能力。我們可以訓練學生，從課文中找到關鍵的字詞。例如：

記敘文：

——課文的主要人物是誰？
——在什麼時候？什麼地方？做了什麼事？

說明文：

——找找看課文裡要告訴我們什麼事？
——課文中說明了這件事的哪些部分？

論說文：

——作者告訴我們什麼道理？
——這個道理為什麼是對的？

　　教會學生怎樣在課文中找出重要的地方，然後如何組織成一個完整的內容，開始要花較多的時間去練習，但是只要練習幾課之後，學生大概就可以摘取大意了。

　　在句子的練習上，分為造句、換句說話、句型練習、照樣造句、句中填詞等。在這一部分的指導上，首先要把句型弄清楚，主要的動詞是哪一個？詞與詞之間的關係在哪裡？例如：「換句說話」，首先要了解句意，再找出它們的關係；「照樣造句」則要抓住句型，依句型造句。

　　總之，習作既是課後的加強練習，為了學生能寫好習作，最好的方法就是在上課時，把生字、句型、課文內容、文章結構做徹底的講解，或是將習作中的題目作為課文教學中應該加強的部分。如此學生對於課文有充分的了解，在書寫習作時就可以得心應手而不覺得困難了。

三、家庭作業的指導

家庭作業是課前的準備和課後的復習。活潑的出作業方式，可以使學生在趣味及多樣變化中，獲得較有效的成果。以下提供幾種方式做參考：

(1)剪下一篇文章貼在簿子上，用紅筆畫出優美的詞句，中、高年級可再加上心得感想。

(2)找鄉土的教材，例如要母親念一首兒歌，或要父親說一個家鄉的故事；或記一段父母小時候的生活情形；或寫當地名人的故事等都是很好的作業。

(3)讓家人講故事或笑話，再把它抄下來，如此可以增強語文能力，同時可以增進親子關係。例如問爸爸：「你十歲的時候在做什麼呀？」

(4)訪問老一輩的親人或鄰居，有關各種節慶的習俗活動。例如：守歲、端午、中秋、出生、滿月、周歲、訂婚、結婚等等。

(5)從一篇文章中找問題，學生可以從課文中找出相關的問題，或是讓學生看一篇文章，讀後從文章中找問題，因為出題目一定要透過思考，這是訓練思考的最好方法。

(6)從文章中找句型，讓學生讀一篇短文，讀後要學生在文章中找出五個或十個句型來，如此可以訓練學生的語文能力。

(7)老師出一些題目讓學生帶回家作，利用查字典、辭典和百科全書找出答案。

(8)寫出這一週或這個月看過的書名和內容，將書名和作者記
　下來，隔一段時間以後，教師要有技巧的問問兒童有關書
　的內容，並隨時給予鼓勵，以增強學生的閱讀興趣。

(9)用遊戲方法練習語詞和成語，出一些有趣的作業讓學生從
　趣味中學習。例如：

①找出天鵝、燕子、喜鵲、麻雀、啄木鳥……之間有什麼
　相同點和不同點？

②以一個「口」再加兩畫，看看學生能組合成多少個字
　來？

③說說與下列有關的語詞來。有關天氣的：晴天、有雲、
　雨天、下雪、寒冷……。有關山水的：……。有關運動
　的：……。

④給學生一群詞。例如：黑暗、森林、山頂、大樹、野
　狼、河水、山羊……讓學生組成一篇文章。

⑤給學生一組部首和一組偏旁，看學生能組成多少的字
　來。

　例如：

　部首：木、火、土、人、口、月、女、水、金、日……
　偏旁：每、冓、也、吉、扁、堯、包……

⑥國字的基本筆畫有九個，讓學生寫出其中有「撇」的字
　二十個或三十個，或是有「鉤」的字，或是有「挑」的
　字等。

──────── • 貳

教學藝術

一、做好課前準備

「凡事豫則立，不豫則廢」教學前的準備是教師很重要的工作。一開學時，首先要了解學生家庭背景及學習能力，其次要通覽全冊教材，明白整學期的教材內容，可以安排學習的重點，隨時蒐集資料，補充教學。對於各種教學法也要充分把握，才能對於不同教材運用不同教學法。

每一課教學前要鑽研，在教材上，每教一課要充分把握這課教材的特點、重點、難點，寫下教學大綱，並設計好教學的方法，然後準備教具。這樣才算是做好課前準備的工作。

二、熟悉語文的教材和教法

語文教學包括了「語文能力」和「教學能力」。一位語文教師，不但要諳熟語文教材，同時要對教學法有深入的研究。要認識語文教材，就得對語文的基本知識有充分的認識，對於**語言學、文字學、文法修辭、文學常識、兒童文學、語意學**等學科有所涉獵。至於教學的能力就要對於**兒童心理學、教育心理學、教育哲學、教育原理、美學以及班級經營、邏輯學**等有所了解，才能做好語文的教學工作。所以，一位語文教師最好能具備以下的

基本學科能力：

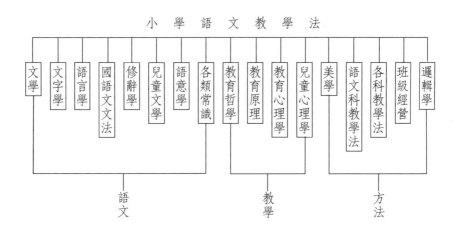

語文教學是一種全面性的教學活動。縱向來說，首先要正確的理解和處理教材內容，然後要正確的評估學生學習能力和心理特點；然後用最適宜的教學方法，貫徹教學目標。橫向說，則要從各類文章的體裁或題材中找出其異點，並且分別就學生的個別差異，運用不同教學技巧，指導學生學習。

就語文的特質來說，它是工具也是知識；就語文內容來說，它包括了讀、說、寫、作的範疇；就教學形式來說，它是將語文教材用最好的教學法教給學生。所以它需要借助許多相關輔助學科，需要語文本科的能力，還要有社會學科和自然學科的一般能力。

在語文教學實踐中，語文教學也是一個非常複雜的工作，諸如：教語文的形式和教語文的內容，二者不可偏廢；聽、說、讀、寫、作要全面訓練；培養語文能力和發展智力要相互結合；語言訓練和思維訓練相結合；課內課外相輔相成等，都是很複雜

的教學活動。所以在師資培訓過程中,對語文能力的訓練越札實,則將來在語文的教學上就可以越有效。所以,一位語文教師必須要對語文有充分的修養,並且諳熟教學法,才能勝任愉快。

三、善用語言的藝術

語言是一門藝術,用得好悅耳賞心,用得不好會產生疏離和厭惡的感覺。教師的語言表達將影響教學的品質,教學的語言一定要注意語氣和語調。語氣要和緩親切,時時表現出關心的聲音,不可急躁、冷漠,此外,說話時可以多用語氣詞,例如:

——你覺得呢?
——你說說看?
——再試一次好嗎?
——不要怕,我相信你一定可以做到的,是不是?
——想一想,怎麼說,才能說得更好?

在語調上要有抑、揚、頓、挫的節奏感,也就是老師在說話時,一方面要隨著所要表達的內容有高低的聲調,一方面為了提醒學生的注意力,而把聲音刻意的提高或放低。這種有變化的聲調,可以吸引學生專心聽講,只有學生安靜的聽課,才能收到事半功倍的效果。

教師語言的表達最好能做到「約而達,微而臧,罕譬而喻」。也就是說話要簡明扼要,而且要多用適當的比喻。解說時多用比喻,不但教學生動,而且學生容易了解。

四、善用板書的技巧

　　「板書」是一種有效的教學輔助工具，好的板書也是一種教學藝術，尤其是在讀書教學中，板書可以提綱挈領，清楚的顯現出文章的脈絡。此外，教師的板書寫得整齊清潔、條理分明，也是一種最好的示範作用。

　　板書的運用要注意：(1)精選內容，寫出重點。與教學關係密切的才寫，不太有關係的就把它省略，免得整個黑板寫得密密麻麻的；(2)寫板書從一個方向寫到另一個方向，不可東寫一句，西寫一句，學生會找不到重點；(3)寫板書要一面教一面寫，不必事先把整個黑板寫滿了才開始教學；(4)有時可用有色粉筆標示重點，但不可用得太多；多了，反而使人看了眼花撩亂，沒有效果。

　　在分析課文時，教師可以利用板書或圖解方式以增加效果，試舉幾個例子以做參考：

　　(1)第八冊第一課〈雙手和大腦〉。

$$
\left.
\begin{array}{l}
雙手的功用：
\left\{
\begin{array}{l}
耕種、紡織——食、衣\\
建築房屋——住\\
車、船———行
\end{array}
\right.\\
\\
大腦的功用：
\left\{
\begin{array}{l}
想事、記憶\\
明辨是非\\
各種發明
\end{array}
\right.
\end{array}
\right\}
\begin{array}{l}
手腦並用才能\\
發明和創造
\end{array}
$$

　　(2)第八冊第八課〈大力士射太陽〉。

東海→神木→十隻金烏每天輪流站在樹上→因爲地震→十隻金烏都站在樹上發光→大地一片枯乾→大力士射下太陽爲民除害。

(3)第八冊第十課〈大河和大海〉。

(4)第八冊第十七課〈勤勞和懶惰〉。

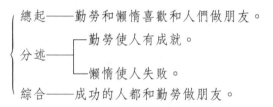

(5)第八冊第十九課〈燕子口〉。

(6)第五冊第十一課〈合作的重要〉。

論點：合作力量大。
論據：正面——螞蟻齊心合力可以搬東西。
　　　反面——三個和尚沒水喝。
論證：合作前要先分工，食衣住行都是合作的成果。

板書一般都是由老師設計，其實教學中讓學生參與也是很重要的觀念，中、高年級學生，讓他們在上課前編寫課文提綱，或是生字的組詞，可以提高學生的語文能力。此外，新詞的學習、造句和練習也可以讓學生在課前寫在短條或長條板上，讓學生參與板書設計是可行的方法。

五、多用教具增強效果

隨著科學的進步，聲光媒體越來越多，錄音帶、錄影帶、電腦、電視、幻燈片、語言實驗室等，給了人們具體的形象。就學習來說，具象的東西遠比抽象的事物容易了解。

國語課的內容範圍太寬廣了，有關地理、歷史、科學、自然、藝術等都在範圍裡，對於一些兒童較陌生的事物，如果透過有形的實物或圖片來輔助說明，就可以有效的學習了。例如：

(1)教〈合作的重要〉，可以放一段卡通「三個和尚」的錄影帶，讓孩子去體會合作的意義。

(2)教〈蔡倫造紙〉，可以放一段公共電視教學帶「紙的故事」。

(3)教〈阿里山看日出〉，可以放一些阿里山的風景幻燈片。

(4)教〈雙手與大腦〉，可以讓學生看一段現代科技的進步情形。

要認識字、詞、成語，可以利用電腦教學，從電腦的練習中找到正確的用法。像臺灣省教師研習中心、國科會都研究出一些語文教學的程式，可以作為教學的參考。

此外，圖片是最方便而且最好用的教具，平日能多蒐集漂亮

清楚的大圖片，一旦需要用時，就可以隨手取得（一般月曆、大型雜誌有較多的大圖片）。而為了作文教學能更加生動、有趣，平日蒐集小學生的佳作，將它剪貼成冊，然後依照文體或性質分類，等到上作文課時，可以影印給學生做參考。

總之，教學中教具越是隨手可得，越是可以輔助教學，那麼教學的效果就越佳，所以利用教具可以事半而功倍。

六、做好評量的工作

教師的教學活動是教給學生所需要的，但是學生學會了多少也是老師所關心的。

教學就是教和學，這中間的過程，教師由設定「**教學目標**」──預做「**學前評估**」──實施「**教學活動**」──「**教學評量**」是一系列的教學過程。教學評量有形成性評量和總結性評量。形成性評量是評量學習過程中的成績，總結性評量是測驗學習告一個段落之後的成果。這兩種評量在教學中要不斷的使用。評量的目的是要了解學生的學習，是否達到了預期的目標。所以評量的工作，一方面作為老師調整「教學策略」的參考，一方面作為學生「學習成就的肯定」，以激起他們學習的興趣。

評量的方法有以下幾種：

(一)課堂提問

這是口頭評量的方法。上課時，老師隨時提問以了解學生學習結果，如果問一些較有開創性的問題，更可以評量出學生的組織能力、思考能力和表達能力。

㈡作業檢查

這是形成性評量。在教學中，老師可以從作業中考查出學生學習結果，對課文的了解程度。

㈢書寫報告

讓學生寫讀後心得或給一個主題讓學生蒐集資料之後，整理出一個短文，可以考查學生的語文能力、組織能力和思維的能力。

㈣書面測驗

就一般所謂的「考試」，這是在評量中最常用的一種方法。目前家長普遍重視考試成績，學生也以考試成績為評量「好學生」的標準，社會人士也將升學率，作為評定辦學效果的標準。在這個上下重視考試的情形下，常有以考試領導教學的情形發生。

在語文教學中，考試是檢查教學效果和學生學習成就的一種重要方法，具有評價、激勵、導向等功能。它是語文教學過程中一個不可或缺的環節。一般出試題必須要經歷下面幾個步驟：

1. 確定考試目的

首先，要具體明確的知道：**要考什麼？**（課內還是課外的）**考何種語文能力？**（記憶能力：字形、字音、改錯……；理解能力：解釋、大意；還是組織力：課文段落的安排、寫短文……），**考哪一方面的語文知識？**（是說話的能力，書寫的能力，還是作文的能力）例如先畫一個表作為參考，可以知道自己要出

哪一類的題目:

項　目	記　憶	理　解	應　用	分　析	綜　合
語　音					
識　字					
語　詞					
句　子					
閱　讀					
作　文					

　　其次,要明確知道**為什麼要考試**?是測驗學習的成效,還是將學生分班、分組;是評價語文教學質量,還是診斷學生在語文學習中的困難等。功能不同,對試題的難易度及其內容和形式的要求也有所不同。

2. 制定考試大綱
　　考試大綱決定了試題的組成部分、各部分比例題目形式、題目數量、考試方法及考試時間安排等。

3. 編寫考試題目
(1)以語文教學為依據,以語文課本作為主要的試題來源,根據雙向目標,規定內容和範圍擬題。
(2)試測廣度、難度必須符合達到考試目的的需要。
(3)根據所考內容的特點,選擇合適的題型。
(4)盡可能多擬試題,以便篩選和編制。
(5)題目表達要明確無誤。

4. 檢討和改進

　　考試之後要去分析測試結果，了解學生對錯的情形作為教學的參考。

　　在命題的技術上，我們還要做到以下幾點：

(1)考試題目既要顧及全面，又要注意重點：試題既要考字詞等基礎知識，又要考查識字、閱讀及作文能力。而考字詞也不只是考其是否會讀、會寫、會講，更重要的還要考其會用，也就是選用字詞的能力。

(2)試題表達要明確，標題應清楚：試題的語言應簡明易懂，切忌含糊不清。

(3)試題難度、份量要適當：命題要以大多數學生的能力為出發點，考太難了考不出學生的程度，因為大家都一樣的差，考太簡單了也失去意義，所以難易適中是出題需要注意的地方。

(4)各試題必須彼此獨立：題目之間不可環環相扣，也不可有暗示性。前一題目解答正誤，應該不影響後一題目的解答。

(5)注意評分方便、客觀：題目的答案要明確、具體，避免模稜兩可，以便於評分。標準的擬訂應準確、肯定，避免隨意性和主觀性。

(6)處理好測試的客觀性和有效性的關係：為了使考試更具客觀性，就得採用大量的是非題、選擇題等客觀型題目，為了更好的反映學生的閱讀和作文能力，就得更多的採用問答、作文等非客觀型題目。相互配合，才能測出程度。

㈤平日觀察

平日觀察也是一種重要的評量方法，它是形成性的評量方式。平日觀察評量的好處在：一方面平日學生的表現是最自然的，最可以評量出學生的程度；一方面平日的「隨機教學」也是最有效的教學方法之一。

在這項評量方式裡，老師需要做的工作是，為每一位小朋友設計好一套評量表。如下表可以做參考，用五度標示法，以打勾的方式，了解學生進步的情形。

項　目	月　　　日					月　　　日					月　　　日				
國語發音															
語詞運用															
內容條理															
說話態度															
字體端正															
書寫整潔															
閱讀能力															
理解能力															
作文能力															
	1	2	3	4	5	1	2	3	4	5	1	2	3	4	5

老師能隨時給予學生考核，隨時給予指導，那麼學習效果就必然大增，只是平日的觀察和考查需要老師付出較多的心力，但是習慣了，也就不覺得是一件煩人的事了。而且為了教學上的效率，是值得老師去努力的。

七、重視兒童優良的學習態度

知識不能像往杯裡倒水一樣，灌在學生的腦子裡，**它必須在學生求知和探究的心理驅使下，通過主動學習而得到的。**一位成功的老師是讓學生了解學習的過程，同時了解學習方法，讓學生自主的學習，才是最好的學習方法。所以在教學中，隨時指導「學習的方法」，激勵他們「自動學習」的精神，學生才能有效的學到知識。優良的學習態度包括下列四項：

(1)**自我激發**：以自己的需要和榮譽感，來激發自己學習的精神。

(2)**自我定向**：以自己的興趣和老師所引導的方向，來修正自己的學習態度。

(3)**自我適應**：遇到困難時，改變學習的態度，而且依據自己的能力，有計畫的學習。

(4)**自動學習的精神**：也就是遇到問題能請教老師或自動查工具書的精神，老師在教學中隨時提醒學生建立良好的學習態度，可以收到事半功倍的效果。

八、教學要有趣、有味

教師是一種「職業」，但更高的成就是把它當作「志業」，既是志業就是一輩子要從事的工作，這個工作必須要有趣、有味，才能恆久，才能有效。

(一)有 趣

是指教學中能趣味盎然。首先老師要先熱愛這份工作,把教學當作是種樹,當成開荒墾地,需要投入許多的心力,但是可以看到汗水後的歡欣;其次把學生看成自己的子女,用心去教他們,想法子讓他們從快樂中學習,而自己才可以在快樂中教學。要做到這個地步就要自己不斷進修,充實知識,學習各種教學方法,靈活的運用在自己的教學中,自然就可以有趣了。

(二)有 味

是指教學後可以回味無窮。教學要能回味無窮,可以從兩方面獲得,一方面是在教學中,靈活運用教材教法,在教材上,隨時補充生動有趣的教材或指出有趣的問題來討論。例如:

——你是孫悟空,有無邊的法力,你想做什麼?
——如果你是荊軻,你會去刺秦王嗎?
——如果讓你回到小時候,你最想做的事是什麼?

在教法上,我們可以多樣化,例如利用錄音帶、錄影帶、幻燈片、投影片等,也可以用猜謎語、成語接龍等方式提起興趣。

要使教學有味的另一方面是看到學生的進步,教學的目的就要學生學到許多事物,使知識增進,在待人處事上能更懂事、更有禮。語文教學既可以給學生豐富的知識,又可以教他們做人做事的道理,所以教好國語,就可以使自己教學有趣有味了。

參 考 書 目

王天昌　《漢語語音學研究》　國語日報社　76 年

朱作仁　《國小語文教學研究》　華東師大出版　77 年

杜忠誥　《書法技法一二三》　藝術圖書公司　78 年

李郁周　《硬筆寫字要領淺析——從小學寫字教學談起》　國小作
　　文寫字教學學術論文集　臺南師院　82 年

沈曉楠　《國語第三聲教學的探討》　1991 世界華文教育研討會
　　論文

何三本　《幼兒故事學》　五南圖書出版公司　84 年

林文寶　《朗誦研究》　文史哲出版社　78 年

林以通　《國音》　春暉出版社　79 年

林國樑　《語文教學研究》　童年書局　75 年

林清山、張春興　《教育心理學》　東華出版社　72 年

吳金娥等著　《國音及語言運用》　三民書局　82 年

祝振華　《演說辯論學》　黎明文化公司　66 年

祝新華　《語文能力發展心理學》　杭州大學出版　82 年

陳弘昌　《國小語文科教學研究》　五南圖書出版公司　80 年

陳滿銘　《作文教學指導》　萬卷樓圖書有限公司　86 年

郭林、張田若　《集中識字教學的理論與實踐》　北京教育科學出
　　版社　80 年

曾祥芹、張復琮　《文體閱讀法》　80 年

張玉成 《教師發問技巧》 心理出版社 80 年

張田若 《「集中識字,大量閱讀,分步習作」是小學語文教學
卓有成效的新體系》 第一屆語文課程教材教法國際學術研討
會論文 84 年

張正男 《演講與辯論》 臺北文笙書局 73 年

張耀翔 《兒童之語言與思想》 中華書局 64 年

蔡崇名 《書法及其教學研究》 華正書局 67 年

趙增民等撰 《學習歌訣四百首》 北京中國兒童出版社 76 年

歐用生 《課程發展的基本原理》 高雄復文圖書出版社 75 年

鄭良偉、鄭謝淑娟編著 《台灣福建話的語音結構及標音法》 76
年

鍾榮富 《國語第三聲的本質和變調因素》 1991 全美中文教師
學會論文

鍾露昇 《國語語音學》 語文出版社 57 年

謝國平 《語言學概論》 三民書局 79 年

羅秋昭 《臺北市六年級男女生閱讀能力比較研究》 海峽兩岸國
小語文教學論文集 83 年

羅肇錦 《台灣的客家話》 臺原出版社 79 年

《王明德教學法活動設計》 高雄市七賢國小 81 年

《有效的說話教學策略》 臺北市教師研習中心 79 年

《國民小學課程標準》 教育部 82 年

《國語科朗讀教材研究》 臺北市國語實小 77 年

《國語科混合教學研究》 北師院附設實小 81 年

《演說原則與技巧》 教育部訓委會 81 年

國家圖書館出版品預行編目資料

國小語文科教材教法／羅秋昭著.
--三版.--臺北市：五南，1999年〔民88〕
面； 公分.
ISBN 978-957-11-1933-5（平裝）
1.小學教育－教學法
2.中國語言－教學法
523.31　　　　　　　88012803

1IZ6
國小語文科教材教法(三版)

作　　者－羅秋昭(411)

發 行 人－楊榮川

總 經 理－楊士清

總 編 輯－楊秀麗

副總編輯－黃文瓊

責任編輯－李敏華

出 版 者－五南圖書出版股份有限公司

地　　址：106台北市大安區和平東路二段339號4樓

電　　話：(02)2705-5066　傳　　真：(02)2706-6100

網　　址：http://www.wunan.com.tw

電子郵件：wunan@wunan.com.tw

劃撥帳號：01068953

戶　　名：五南圖書出版股份有限公司

法律顧問　林勝安律師事務所　林勝安律師

出版日期　1996年 3 月初版一刷
　　　　　1996年11月二版一刷
　　　　　1999年 9 月三版一刷
　　　　　2020年 4 月三版十七刷

定　　價　新臺幣360元

權所有‧欲利用本書全部或部分內容，必須徵求本公司同意※

五南
WU-NAN

全新官方臉書

五南讀書趣

WUNAN
Books
since1966

Facebook 按讚

1 秒變文青

f 五南讀書趣 Wunan Books

★ 專業實用有趣
★ 搶先書籍開箱
★ 獨家優惠好康

不定期舉辦抽
贈書活動喔！

經典永恆・名著常在

五十週年的獻禮 —— 經典名著文庫

五南,五十年了,半個世紀,人生旅程的一大半,走過來了。

思索著,邁向百年的未來歷程,能為知識界、文化學術界作些什麼?

在速食文化的生態下,有什麼值得讓人雋永品味的?

歷代經典・當今名著,經過時間的洗禮,千錘百鍊,流傳至今,光芒耀人;

不僅使我們能領悟前人的智慧,同時也增深加廣我們思考的深度與視野。

我們決心投入巨資,有計畫的系統梳選,成立「經典名著文庫」,

希望收入古今中外思想性的、充滿睿智與獨見的經典、名著。

這是一項理想性的、永續性的巨大出版工程。

不在意讀者的眾寡,只考慮它的學術價值,力求完整展現先哲思想的軌跡;

為知識界開啟一片智慧之窗,營造一座百花綻放的世界文明公園,

任君遨遊、取菁吸蜜、嘉惠學子!